Handschrift trainieren
Ein tägliches Trainingsprogramm

7. Auflage 2026

Inhalt & Illustrationen: Petra Hartmann
Coverbild: © Olga Khorkowa - AdobeStock.com
Redaktion: Kohl-Verlag
Grafik & Satz: Kohl-Verlag
Druck: Druckerei Flock, Köln

Bestell-Nr. 12 904

ISBN: 978-3-98558-309-6

Kontakt: Kohl-Verlag, An der Brennerei 37-45, 50170 Kerpen
Tel: +49 2275 331610, Mail: info@kohlverlag.de

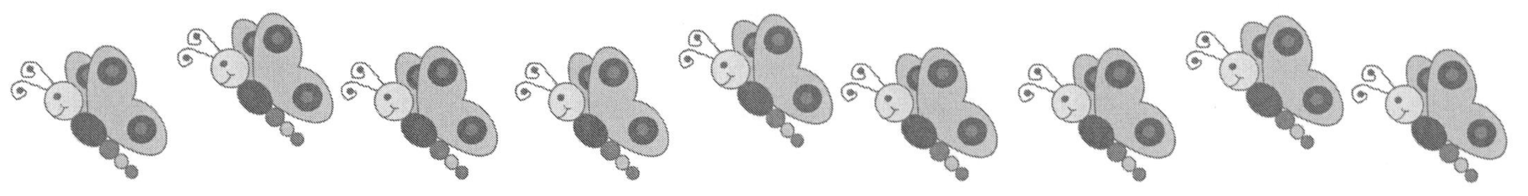

Inhaltsverzeichnis

KOHL VERLAG Handschrift trainieren
Ein tägliches Trainingsprogramm – Best.-Nr. 12 904

Vorwort

Liebes Trainingskind,

so wie du das Lesen, Schreiben und Rechnen regelmäßig trainieren solltest, so solltest du auch deine Handschrift trainieren. Neben der Auge-Hand-Koordination (Augen und Hände arbeiten zusammen!) ist eine richtige Stifthaltung Voraussetzung für eine ordentliche Handschrift. Nur so kann ein Stift problemlos und sicher geführt werden. Durch regelmäßiges Training wird sich eine sichere und ordentliche Handschrift entwickeln.

In diesem Trainingsheft findest du viele Übungen, um deine Handschrift intensiv zu trainieren und deine Feinmotorik zu stärken.

Diese Übungen sind leicht verständlich und können selbstständig erarbeitet werden. Mit Hilfe der Lösungen im Anhang kannst du deine Ergebnisse selbst überprüfen.

Für ein intensives Auge-Hand-Koordinationstraining möchte ich das Trainingsheft „12518 Das Auge-Hand-Koordinations-Training“ empfehlen.

Fange am besten gleich an.
Viel Spaß und Erfolg beim Lernen!

Liebe Grüße

Petra Hartmann

Training für eine schöne und sichere Handschrift.
Ab 6 Jahre

Die Aufgaben wurden erstellt von
© 2023 Petra Hartmann
Lernberaterin / Lerncoach
Diplomierte Legasthenie- und Dyskalkulietrainerin®

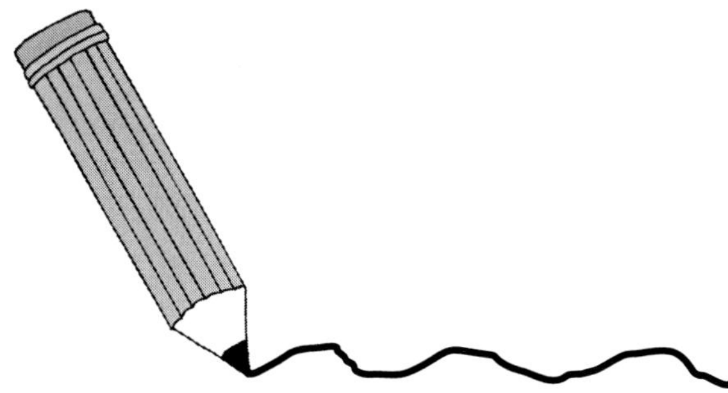

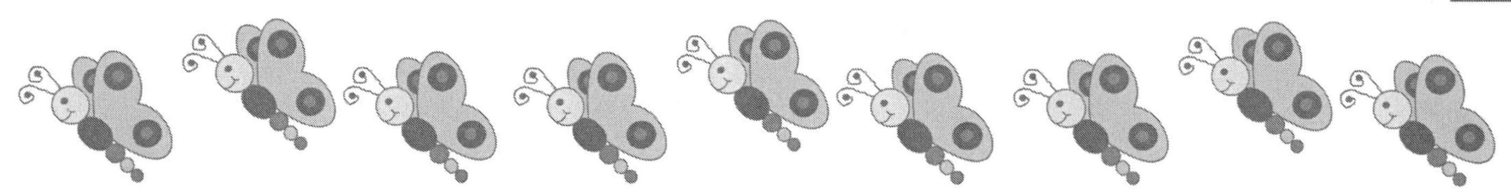

1 Lockerungsübungen

- Zeichne mit dem Bleistift alle Übungen sorgfältig nach.

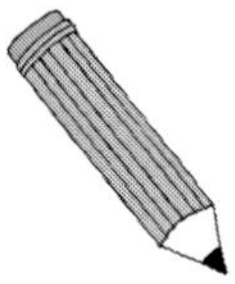

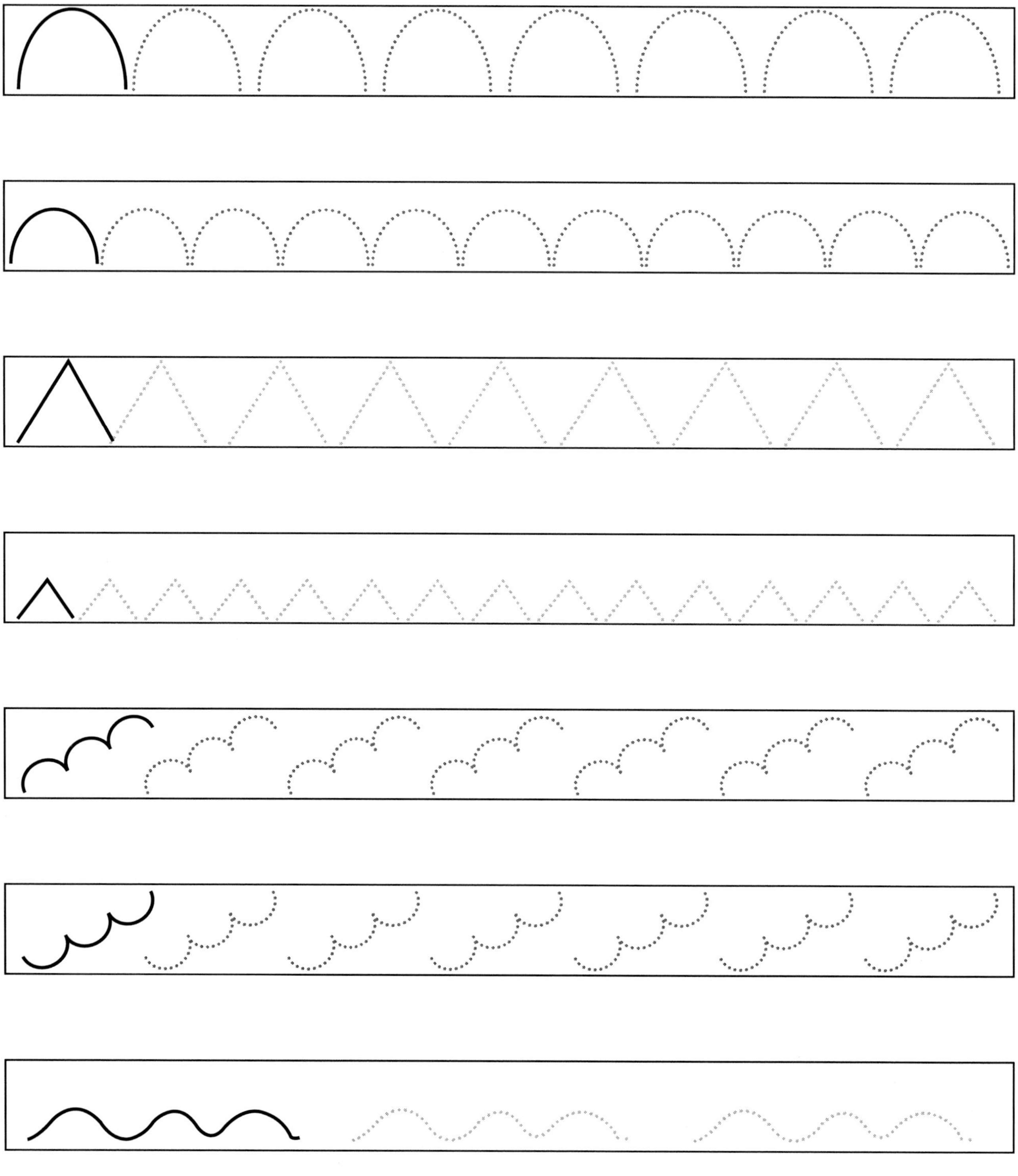

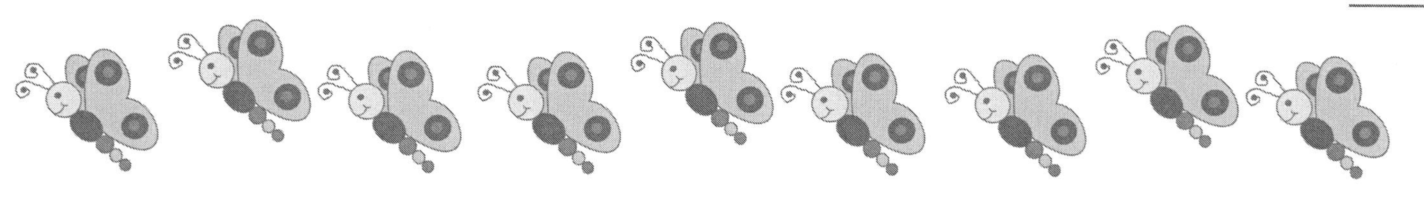

1 Lockerungsübungen

- Zeichne mit dem  alle gepunkteten Linien sorgfältig nach.

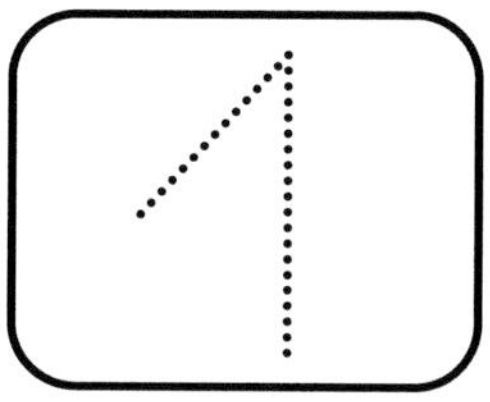

Handschrift trainieren
Ein tägliches Trainingsprogramm – Best.-Nr. 12 904
KOHL VERLAG

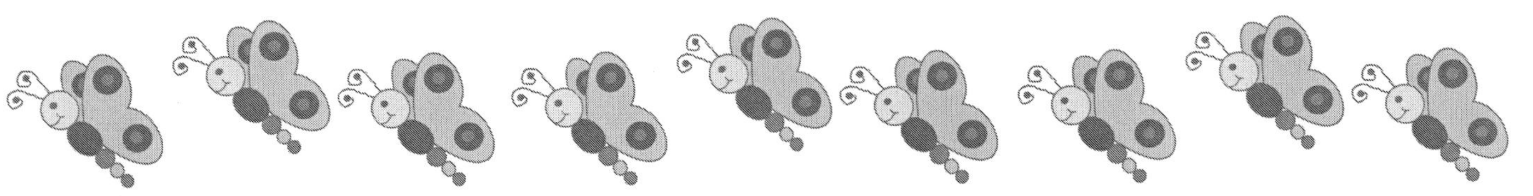

1 Lockerungsübungen

- Zeichne mit dem  alle Übungen sorgfältig nach.

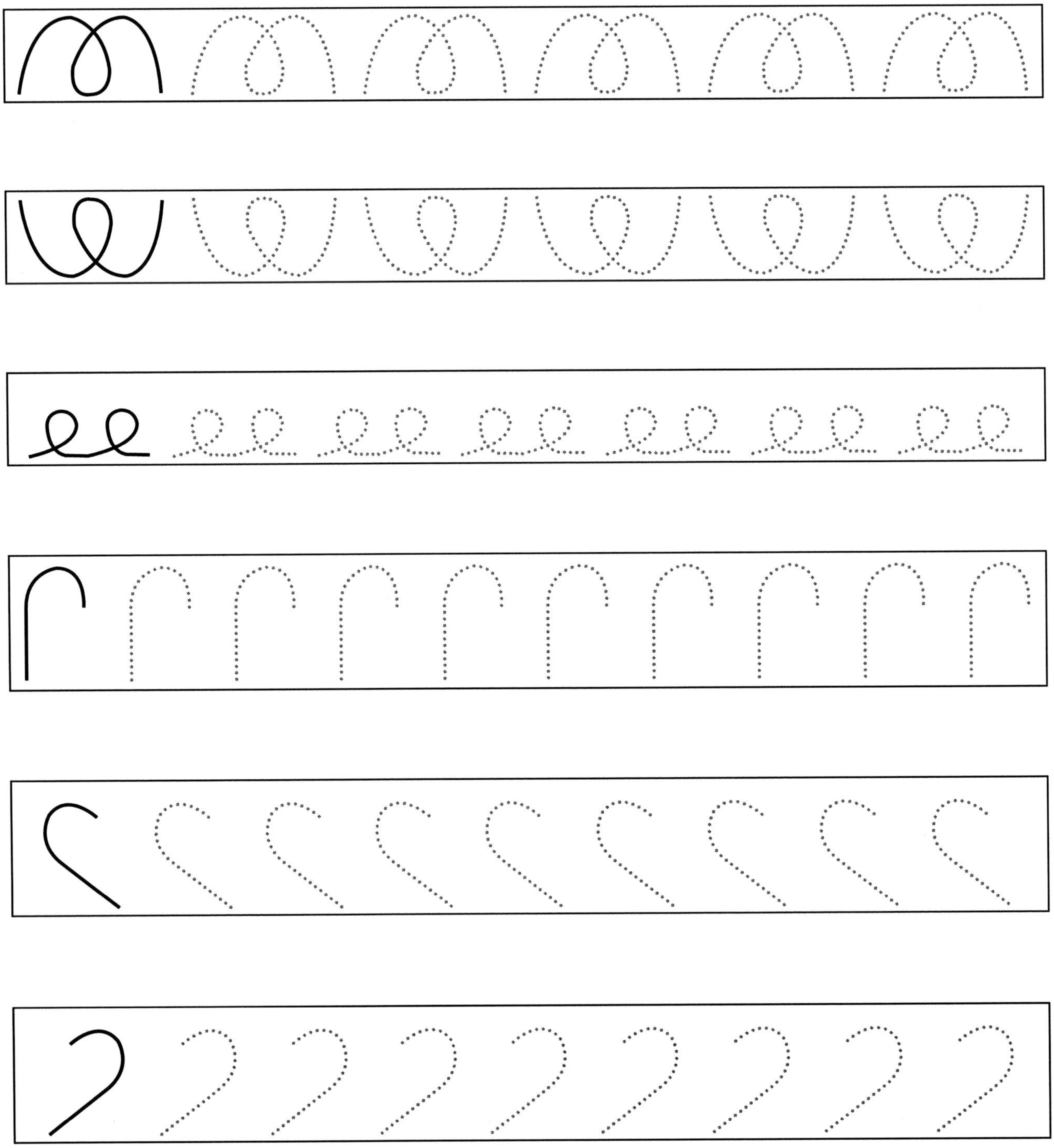

Handschrift trainieren
Ein tägliches Trainingsprogramm – Best.-Nr. 12 904
KOHL VERLAG

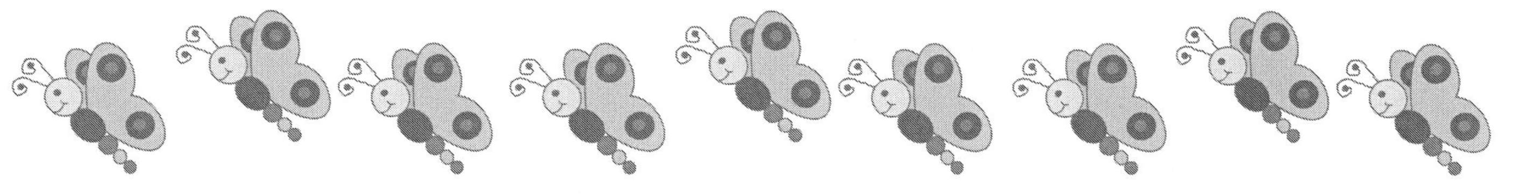

1 Lockerungsübungen

- Zeichne mit dem  alle gepunkteten Linien sorgfältig nach.

KOHL VERLAG Handschrift trainieren Ein tägliches Trainingsprogramm – Best.-Nr. 12 904

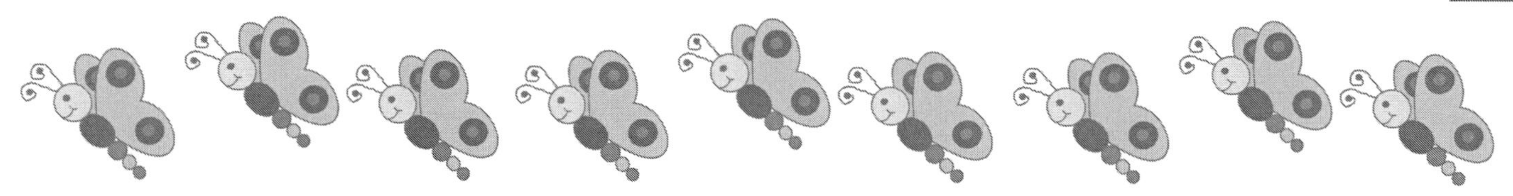

1 Lockerungsübungen

- Zeichne mit dem alle Übungen sorgfältig nach.

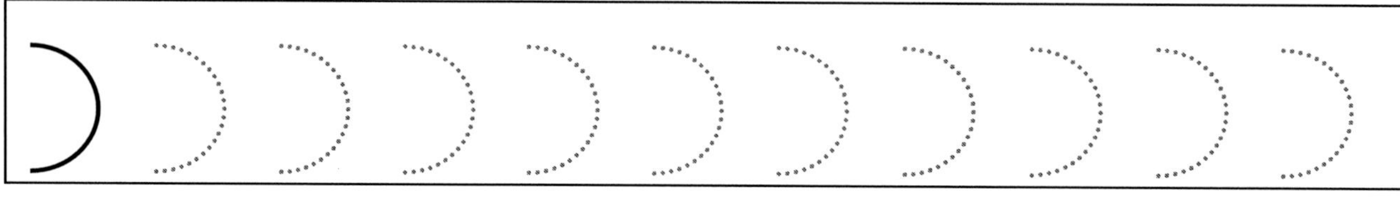

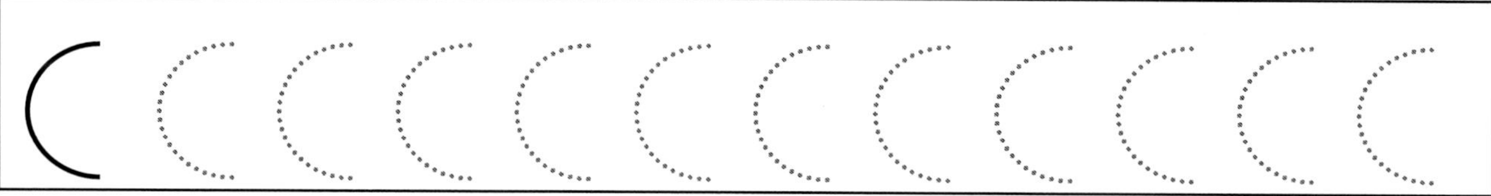

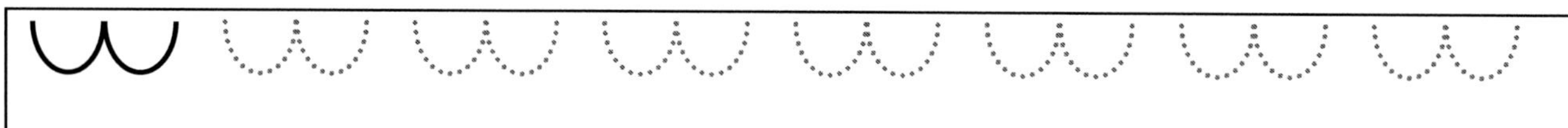

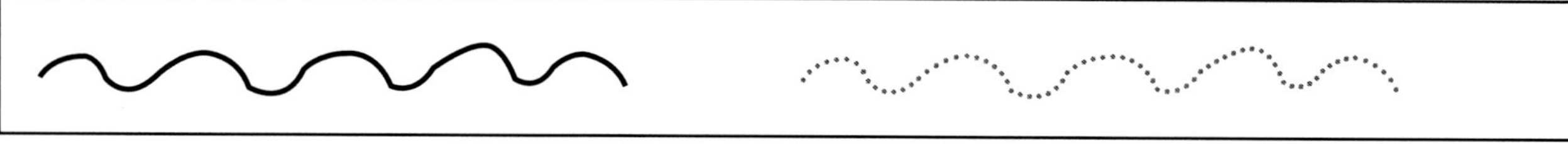

KOHL VERLAG
Handschrift trainieren
Ein tägliches Trainingsprogramm – Best.-Nr. 12 904

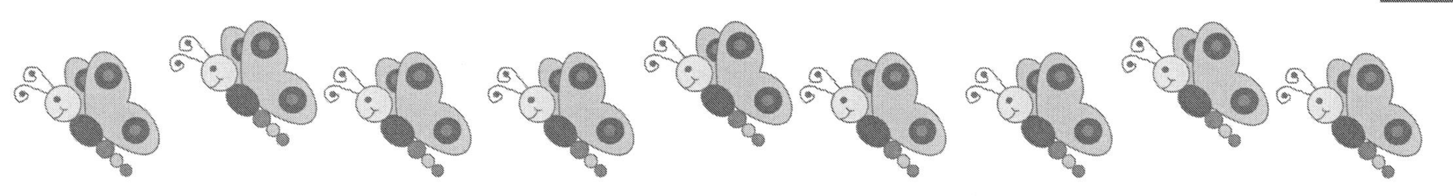

1 Lockerungsübungen

- Zeichne mit dem alle gepunkteten Linien sorgfältig nach.

3

KOHL VERLAG Handschrift trainieren Ein tägliches Trainingsprogramm – Best.-Nr. 12 904

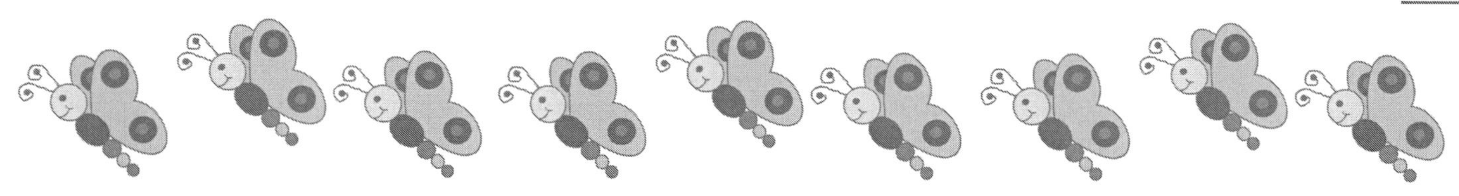

1 Lockerungsübungen

- Zeichne mit dem 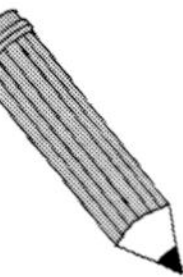 alle Übungen sorgfältig nach.

KOHL VERLAG Handschrift trainieren
Ein tägliches Trainingsprogramm – Best.-Nr. 12 904

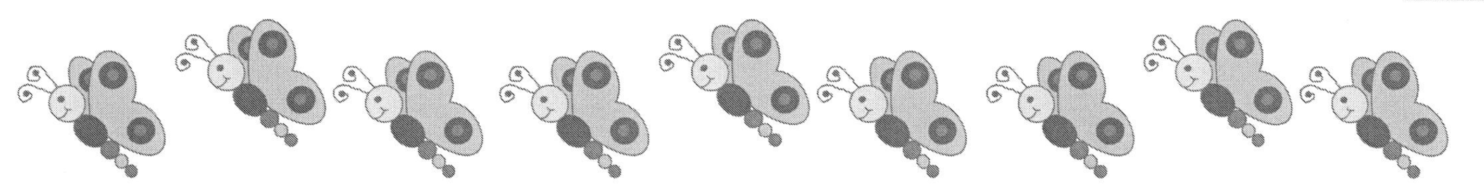

1 Lockerungsübungen

- Zeichne mit dem ✏ alle gepunkteten Linien sorgfältig nach.

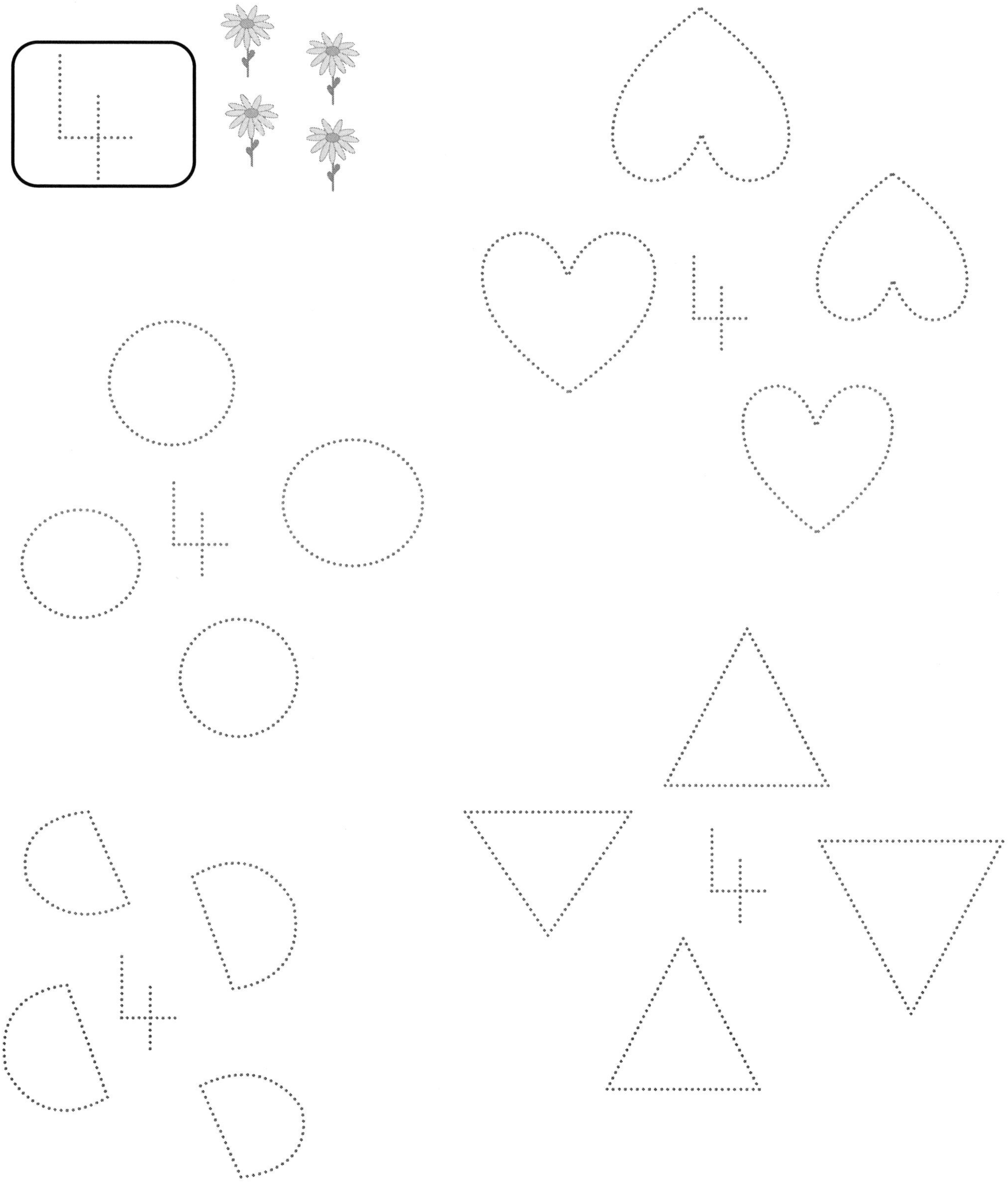

KOHL VERLAG Handschrift trainieren
Ein tägliches Trainingsprogramm – Best.-Nr. 12 904

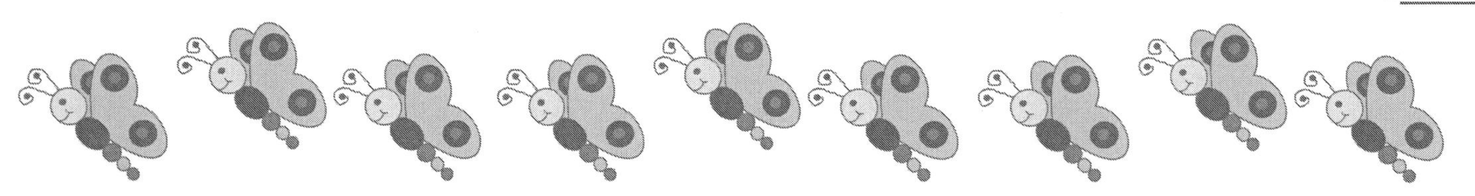

1 Lockerungsübungen

- Zeichne mit dem ✎ alle Übungen sorgfältig nach.

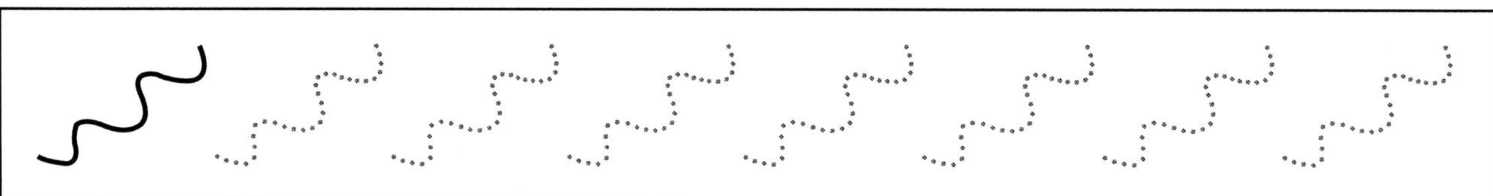

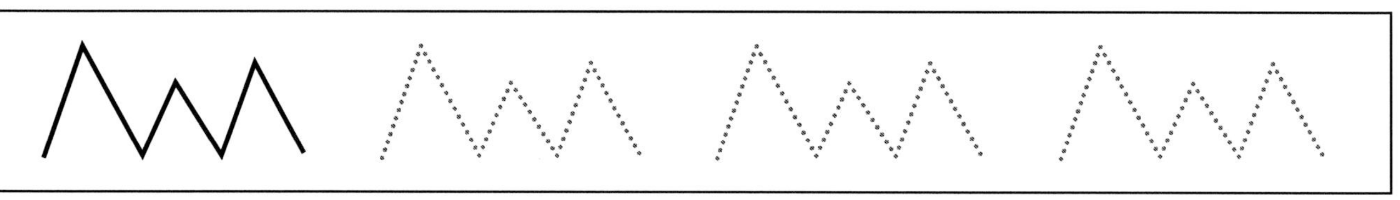

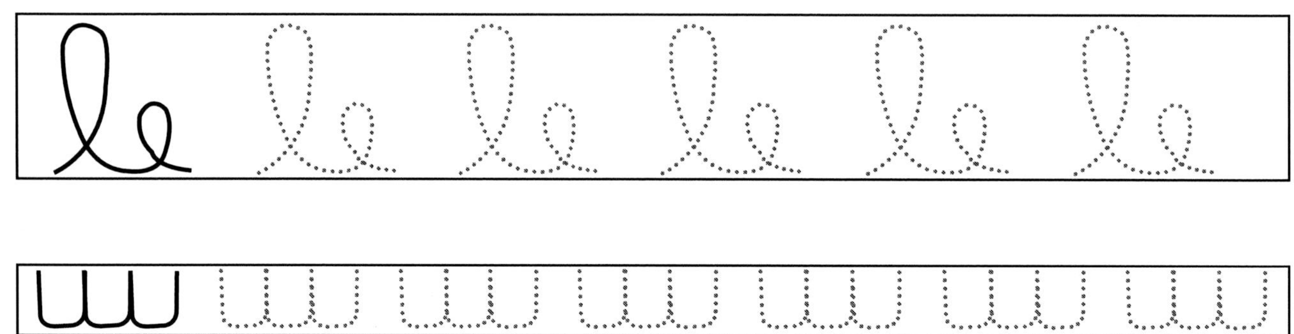

KOHL VERLAG Handschrift trainieren Ein tägliches Trainingsprogramm – Best.-Nr. 12 904

1 Lockerungsübungen

• Zeichne mit dem 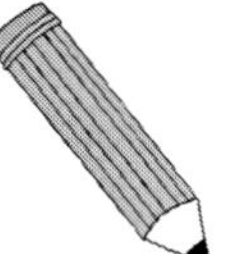 alle gepunkteten Linien sorgfältig nach.

5

5

5

2

1

5

3

4

5

KOHL VERLAG Handschrift trainieren Ein tägliches Trainingsprogramm – Best.-Nr. 12 904

2 Schreibübungen – Zahlen

- Zeichne mit dem 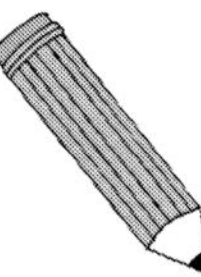 alle Zahlen sorgfältig nach.

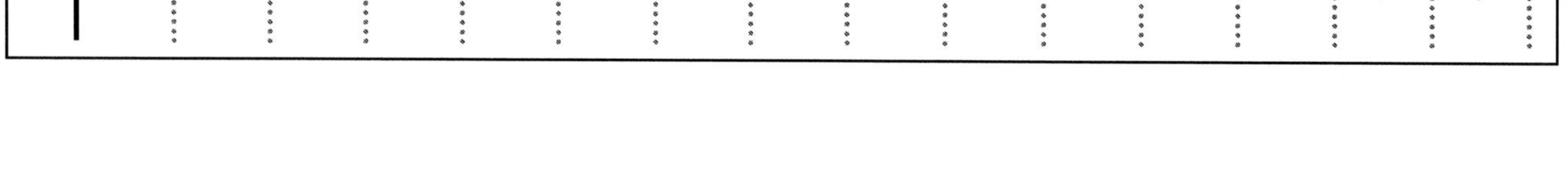

1

2

2

3

3

6

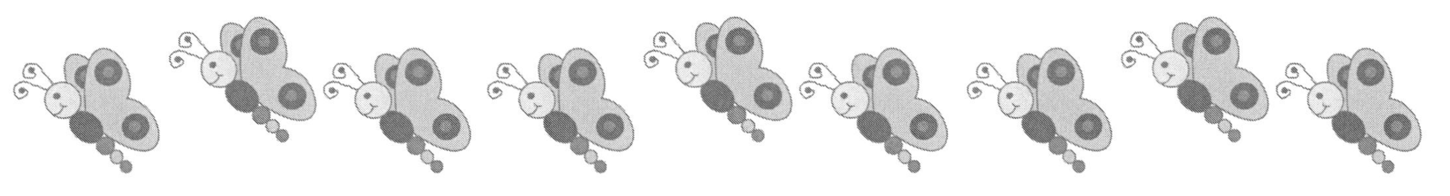

2 Lockerungsübungen

• Zeichne mit dem [Stift] alle gepunkteten Linien sorgfältig nach.

6

KOHL VERLAG Handschrift trainieren
Ein tägliches Trainingsprogramm – Best.-Nr. 12 904

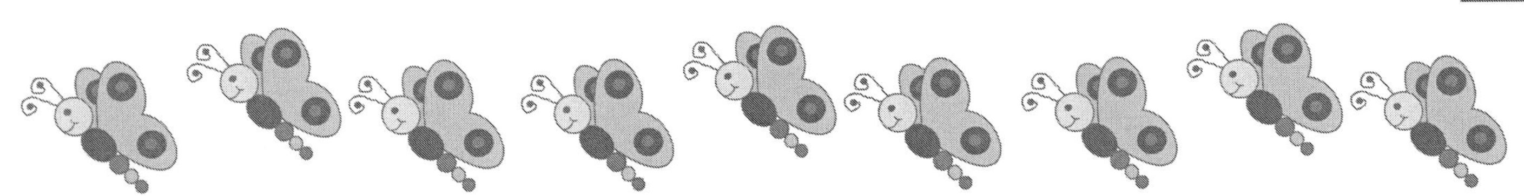

2 Schreibübungen – Zahlen

- Zeichne mit dem  alle Zahlen sorgfältig nach.

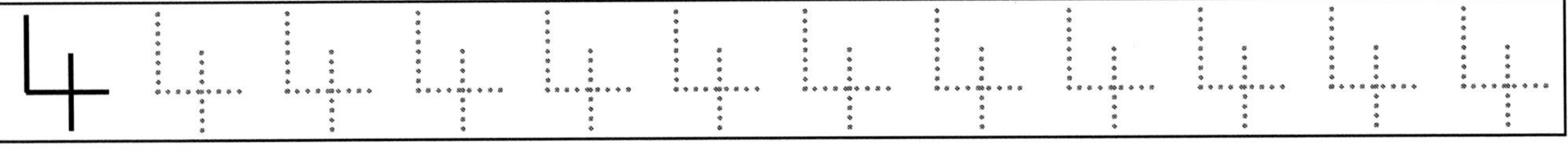

4

5

5

6

6

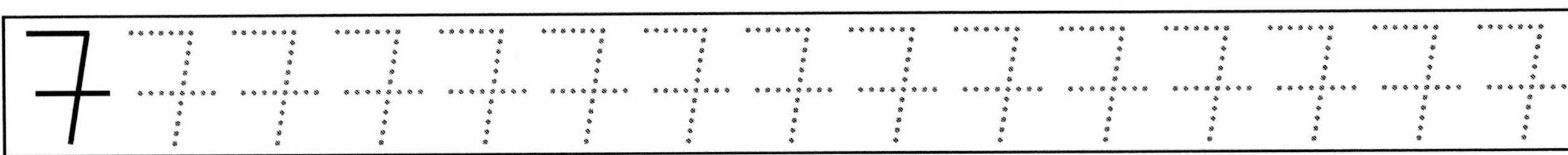

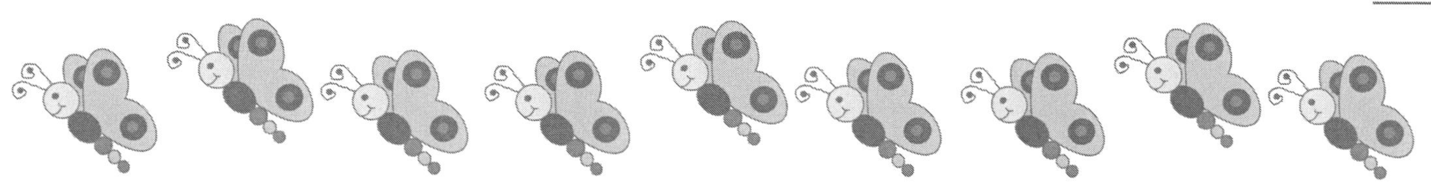

2 Lockerungsübungen

- Zeichne mit dem  alle gepunkteten Linien sorgfältig nach.

7

7

KOHL VERLAG Handschrift trainieren
Ein tägliches Trainingsprogramm – Best.-Nr. 12 904

2 Schreibübungen – Zahlen

• Zeichne mit dem  alle Zahlen sorgfältig nach.

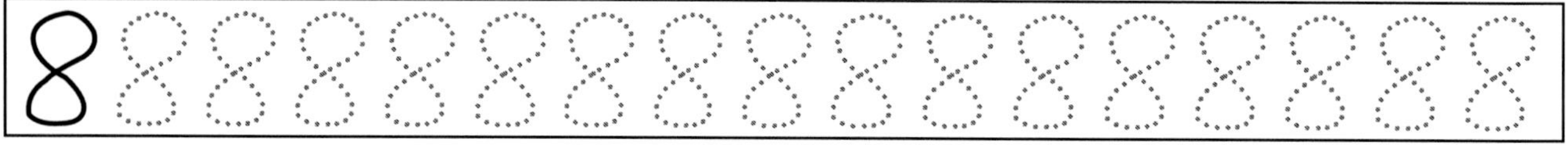

8 8 8 8 8 8 8 8 8 8 8 8 8 8 8 8 8

9 9 9 9 9 9 9 9 9 9 9 9 9 9

9 9 9 9 9 9 9 9 9 9 9 9 9 9

10 10 10 10 10 10 10 10 10

10 10 10 10 10 10 10 10 10

KOHL VERLAG Handschrift trainieren Ein tägliches Trainingsprogramm – Best.-Nr. 12 904

2 Lockerungsübungen

- Zeichne mit dem ✎ alle gepunkteten Linien sorgfältig nach.

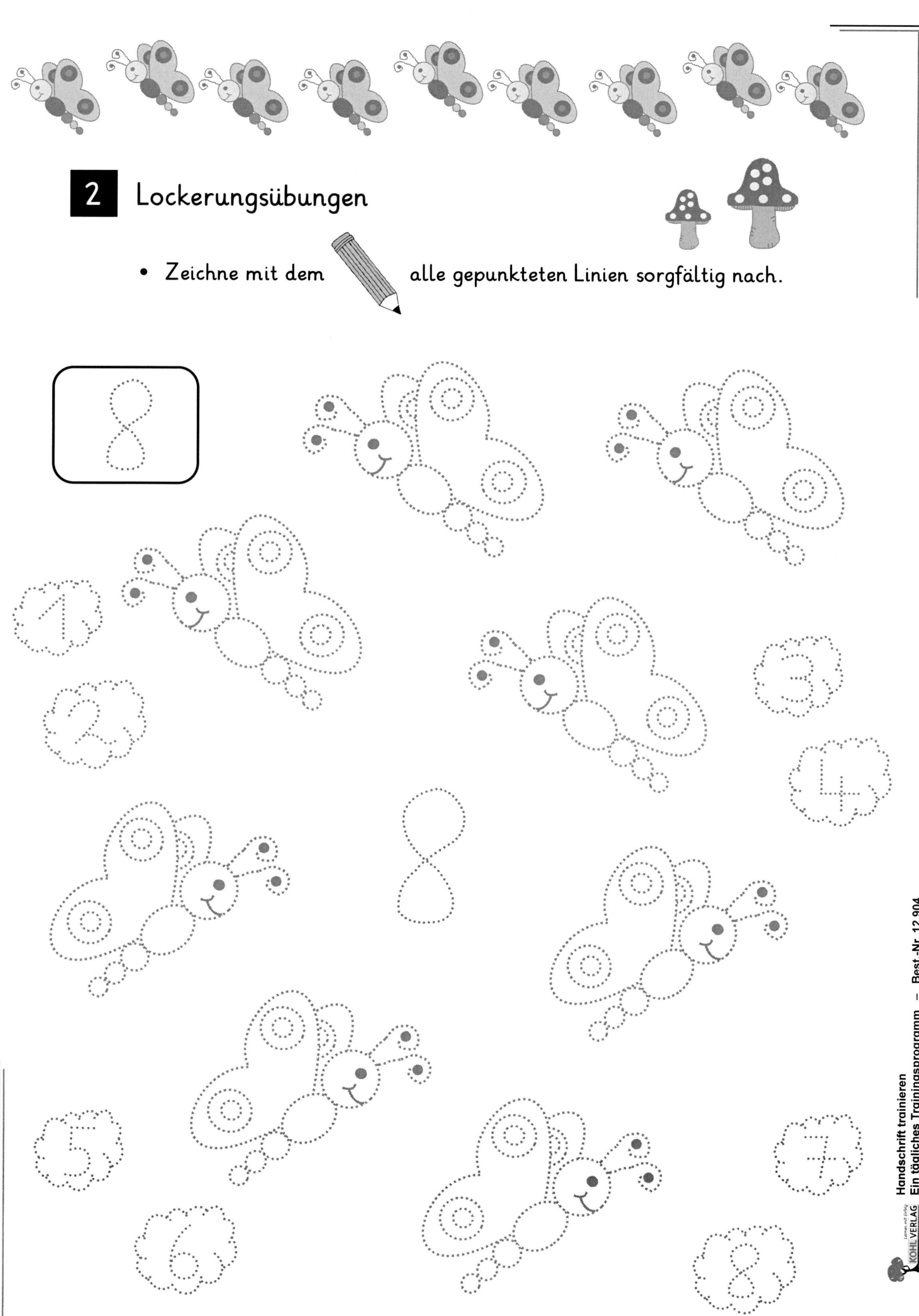

KOHL VERLAG
Handschrift trainieren
Ein tägliches Trainingsprogramm – Best.-Nr. 12 904

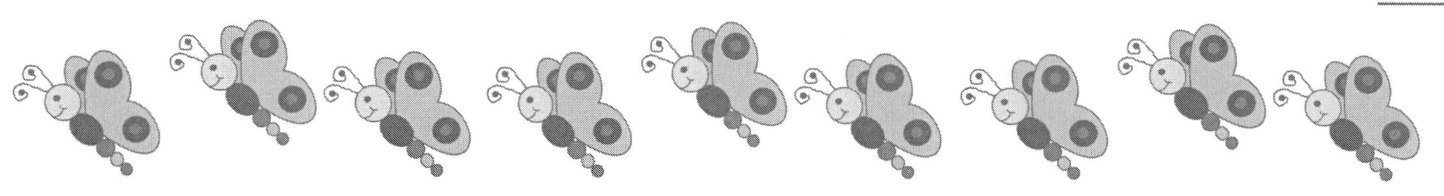

2 Lockerungsübungen

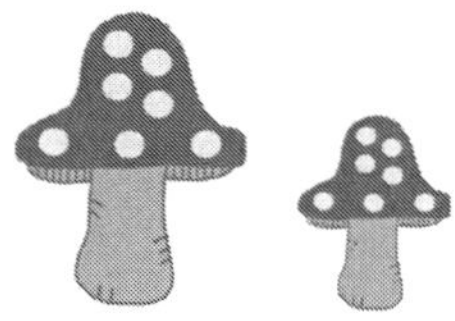

- Zeichne mit dem 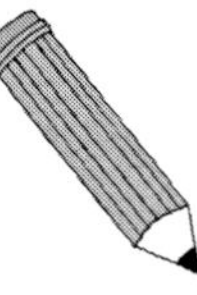 alle gepunkteten Linien sorgfältig nach.

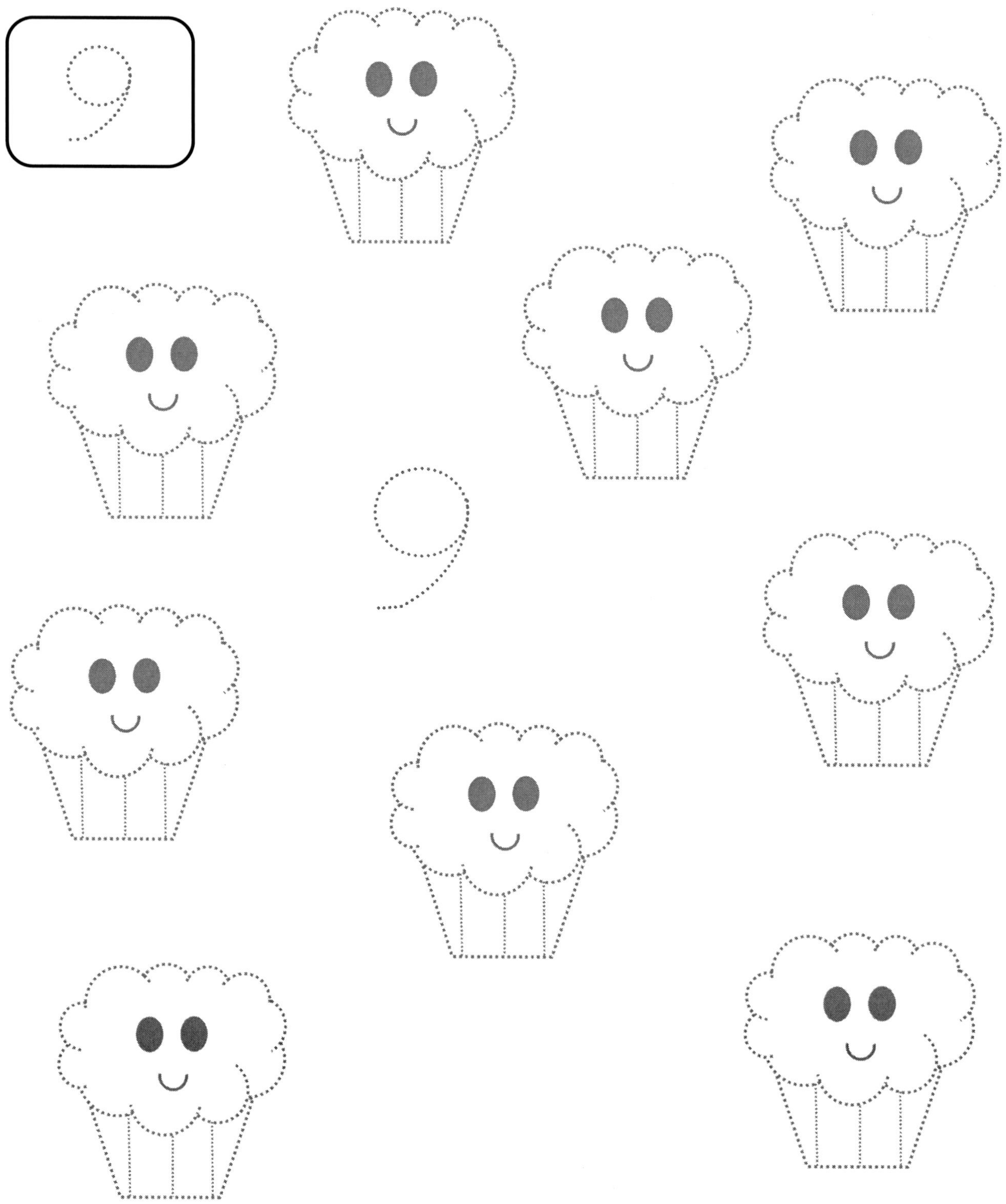

9

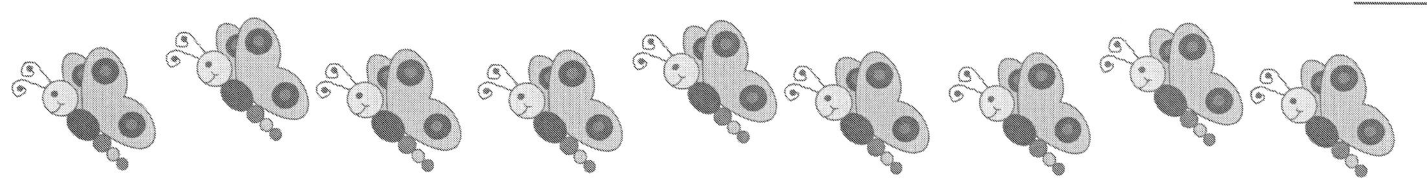

2 Lockerungsübungen

- Zeichne mit dem 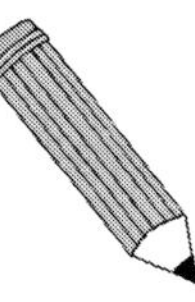 alle gepunkteten Linien sorgfältig nach.

10

10

KOHL VERLAG Handschrift trainieren Ein tägliches Trainingsprogramm – Best.-Nr. 12 904

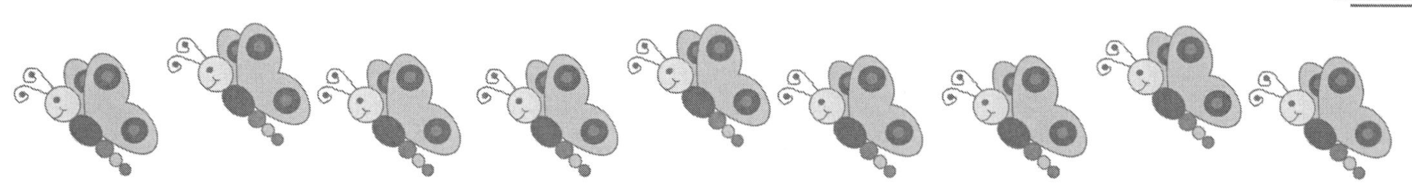

3 Lockerungsübungen

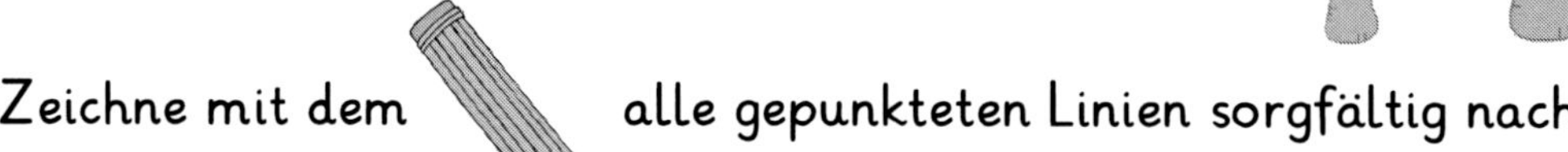

- Zeichne mit dem alle gepunkteten Linien sorgfältig nach.

KOHL VERLAG Handschrift trainieren Ein tägliches Trainingsprogramm – Best.-Nr. 12 904

Schreibübungen – Buchstaben

- Zeichne mit dem  alle Buchstaben und gepunkteten Linien sorgfältig nach.

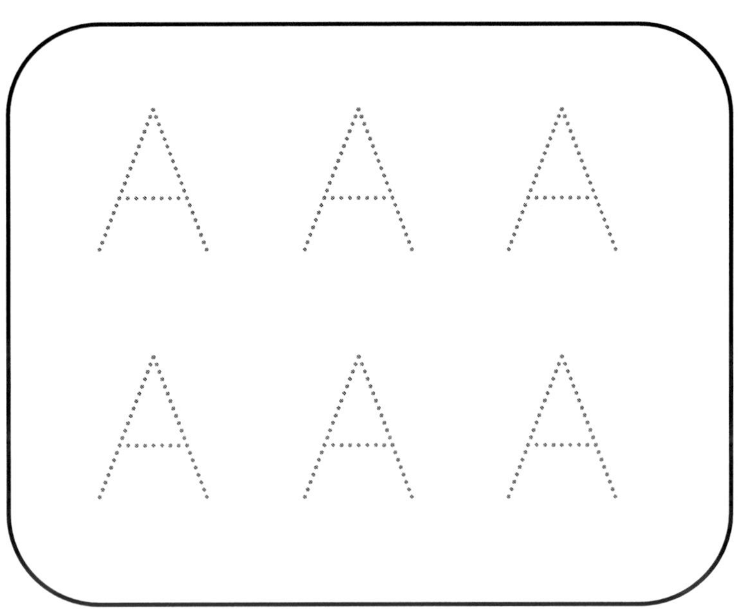

BLUME

KOHL VERLAG Handschrift trainieren Ein tägliches Trainingsprogramm – Best.-Nr. 12 904

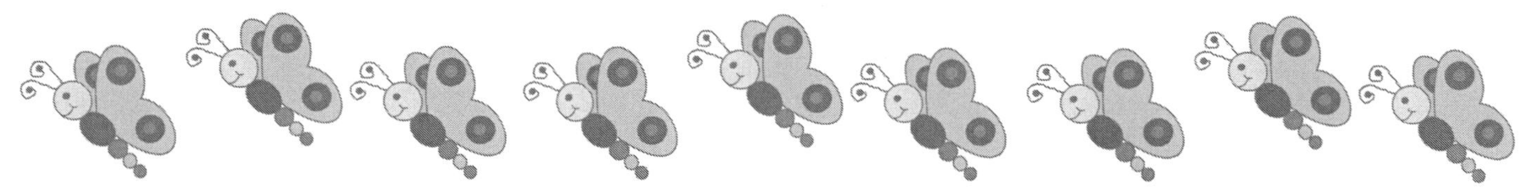

4 Schreibübungen – Buchstaben

- Zeichne mit dem 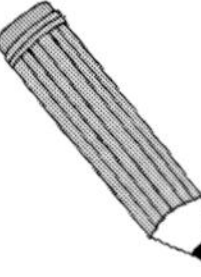 alle Buchstaben und gepunkteten Linien sorgfältig nach.

C

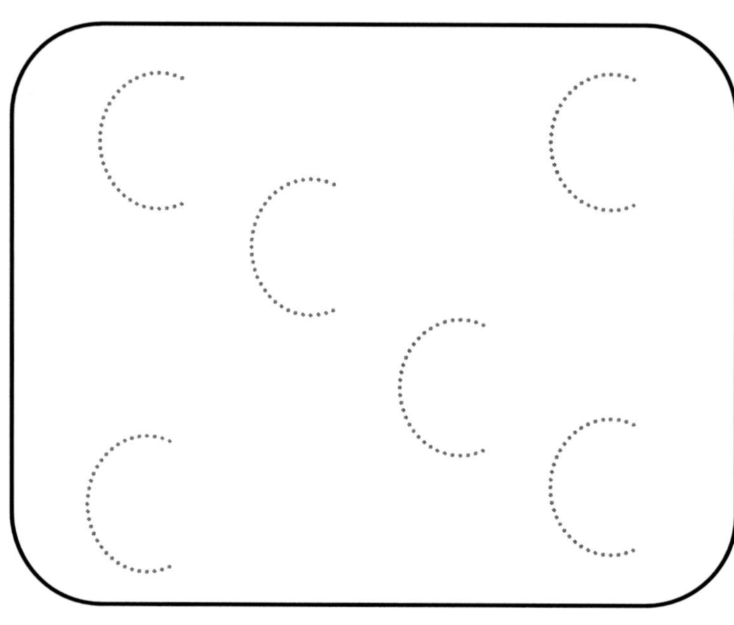

CUPCAKE

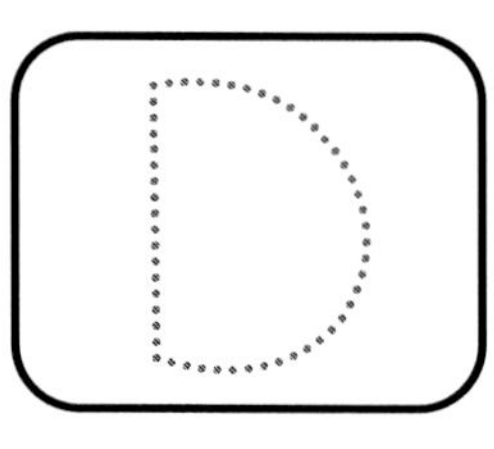

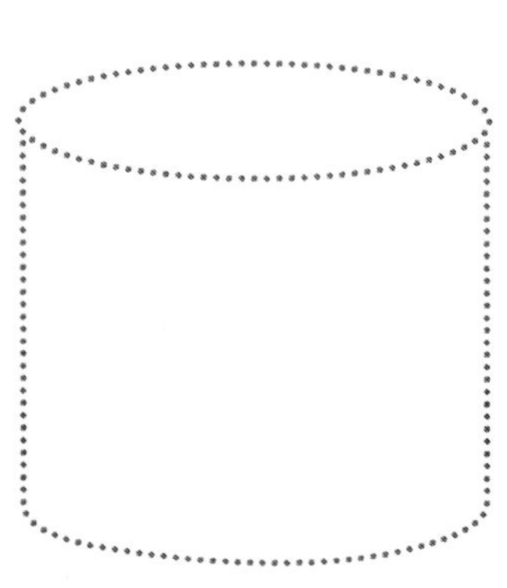

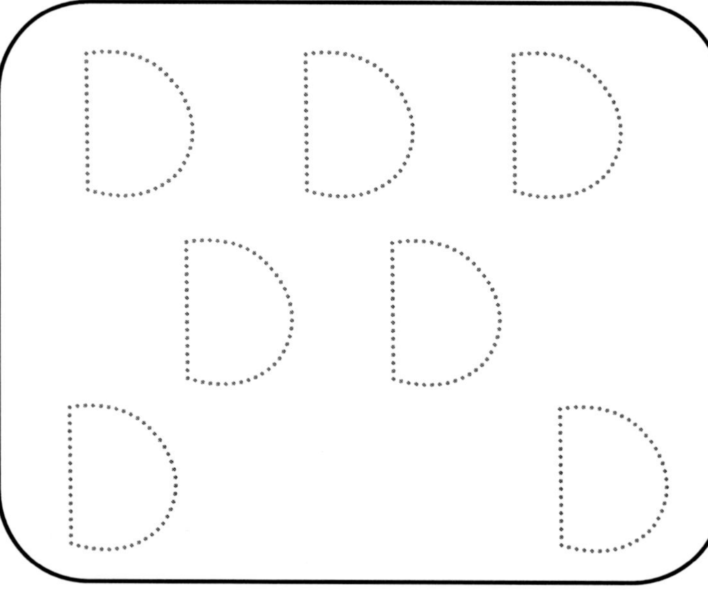

DOSE

KOHL VERLAG Handschrift trainieren Ein tägliches Trainingsprogramm – Best.-Nr. 12 904

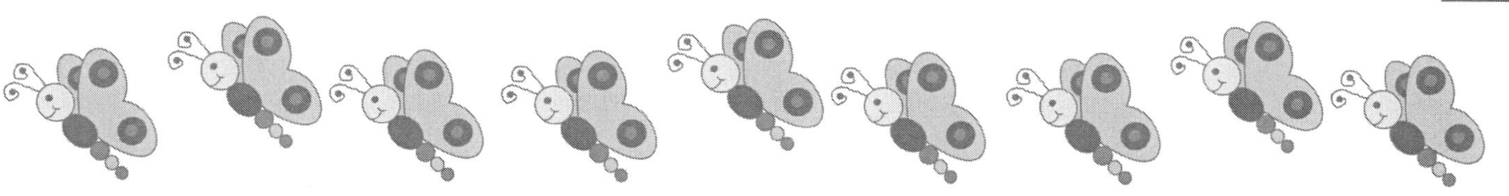

4 Schreibübungen – Buchstaben

- Zeichne mit dem 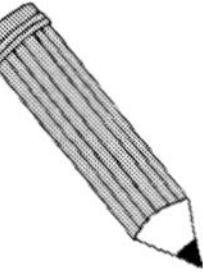 alle Buchstaben und gepunkteten Linien sorgfältig nach.

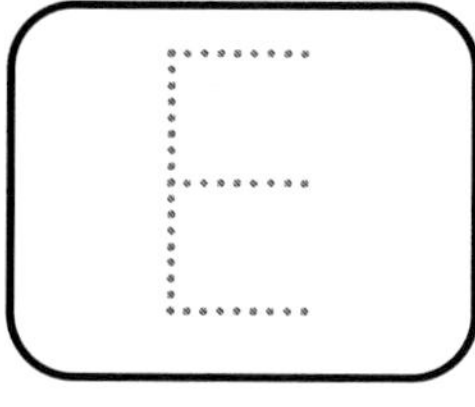

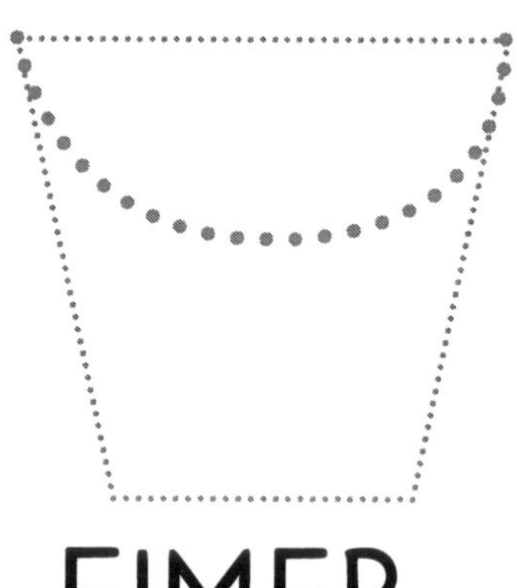

EIMER

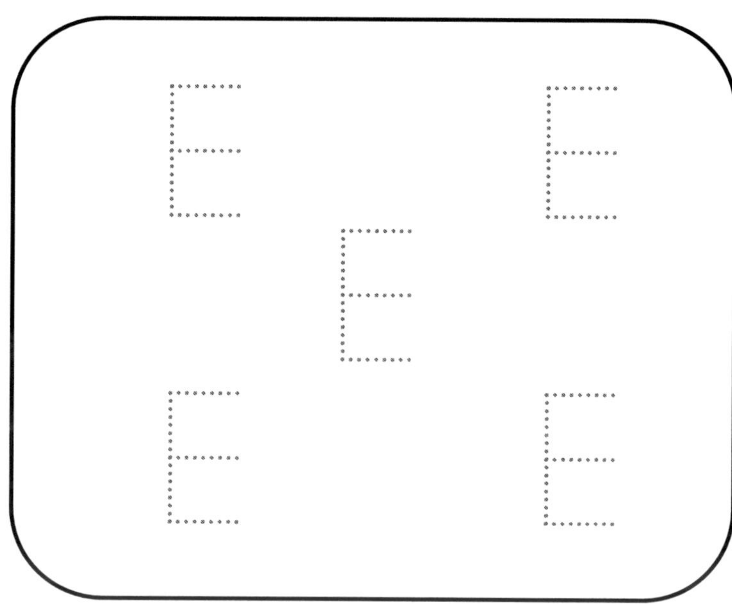

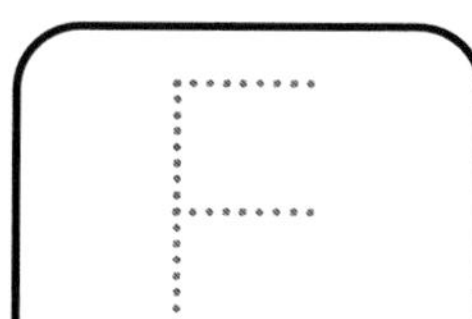

FENSTER

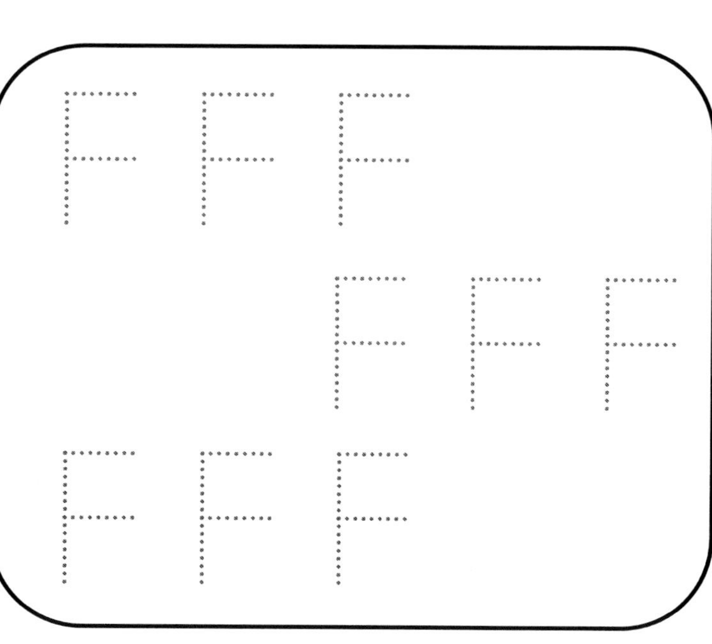

KOHL VERLAG Handschrift trainieren
Ein tägliches Trainingsprogramm – Best.-Nr. 12 904

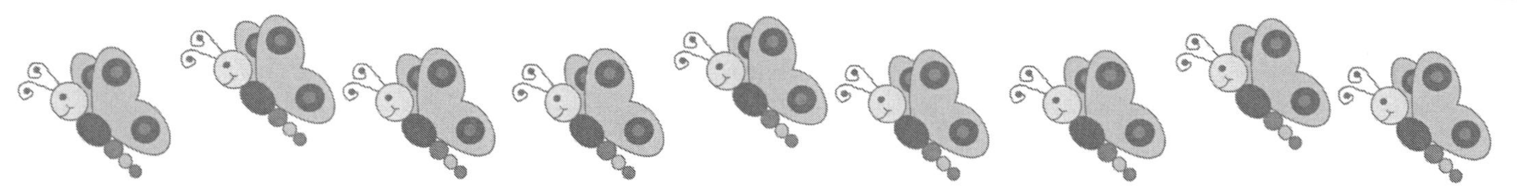

4 Schreibübungen – Buchstaben

- Zeichne mit dem  alle Buchstaben und gepunkteten Linien sorgfältig nach.

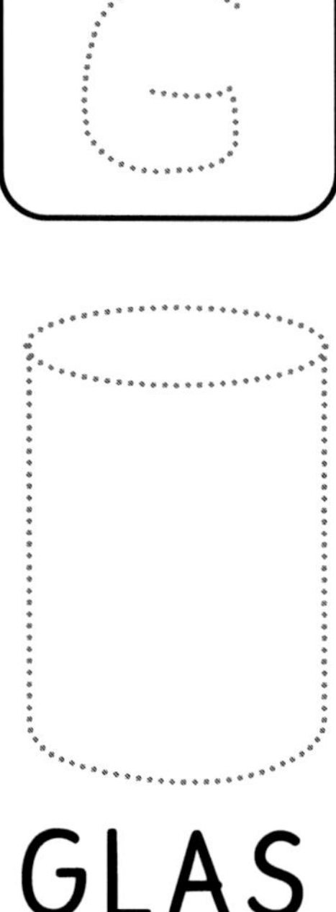

GLAS

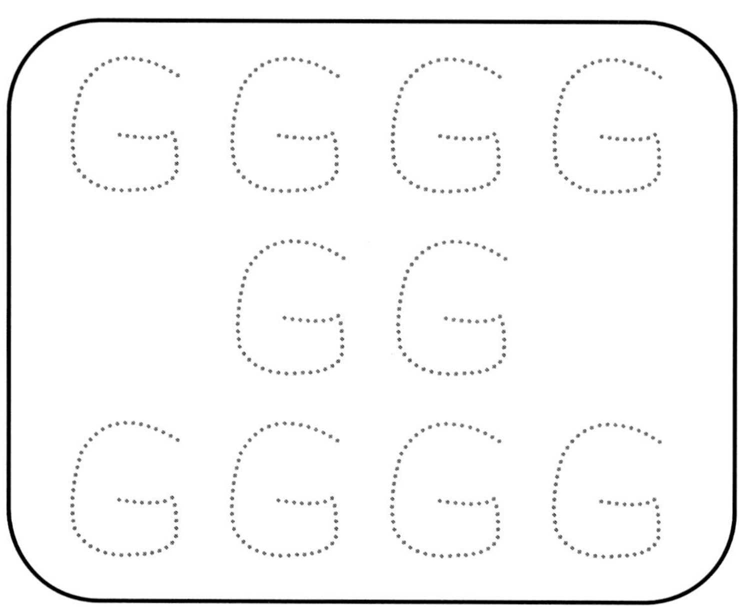

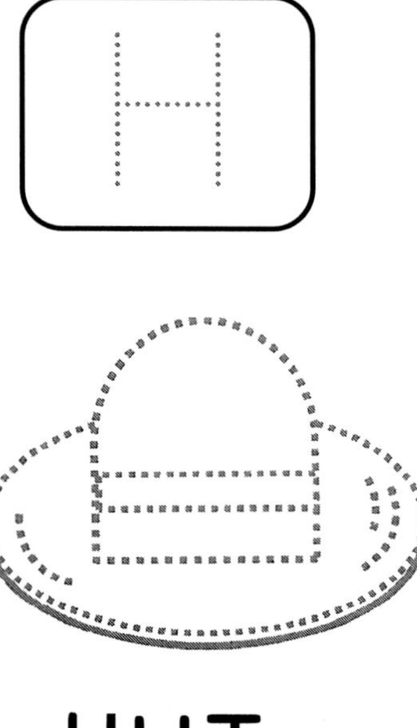

HUT

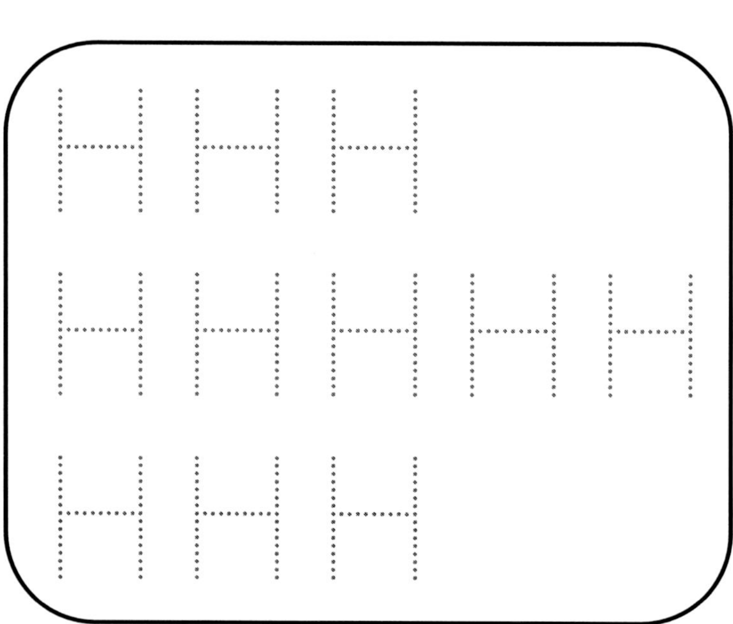

KOHL VERLAG Handschrift trainieren Ein tägliches Trainingsprogramm – Best.-Nr. 12 904

4 Schreibübungen – Buchstaben

- Zeichne mit dem  alle Buchstaben und gepunkteten Linien sorgfältig nach.

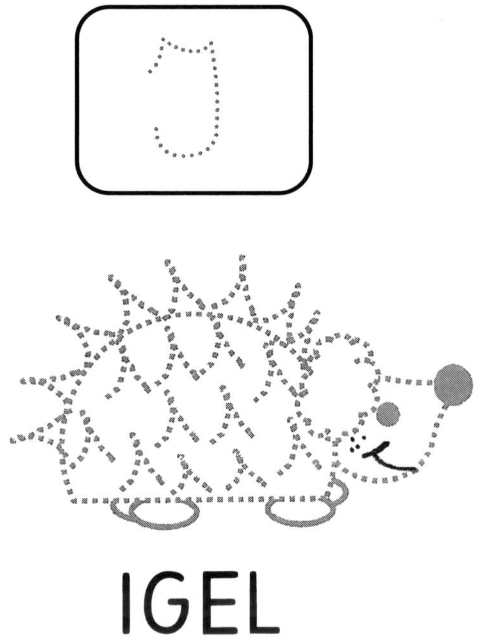

IGEL

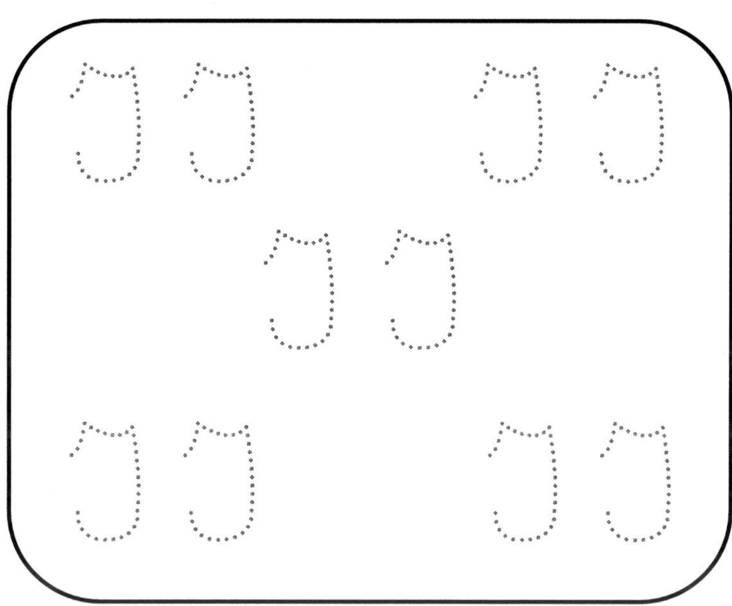

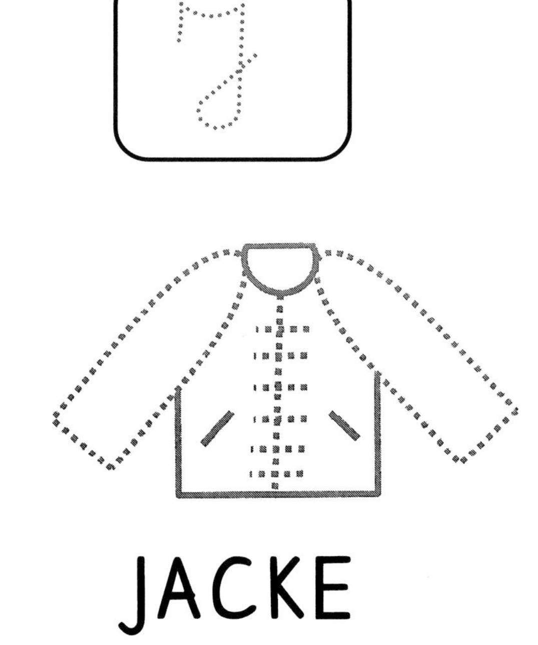

JACKE

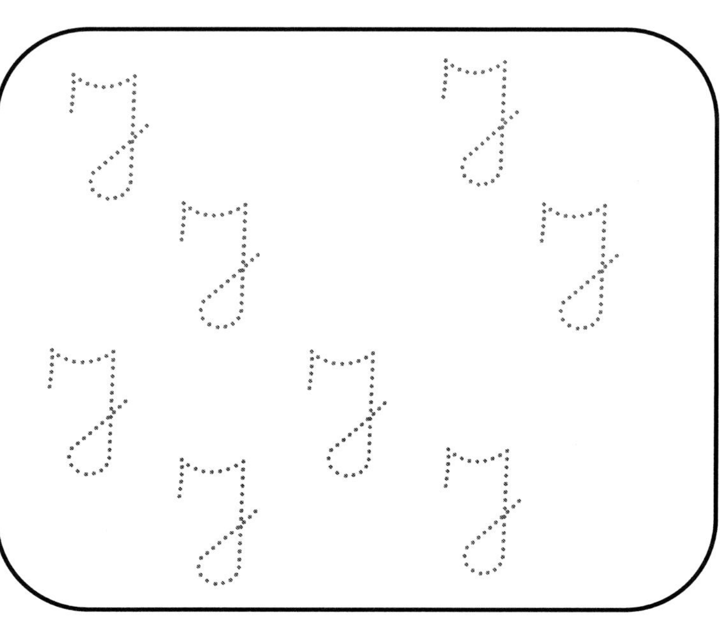

KOHL VERLAG Handschrift trainieren Ein tägliches Trainingsprogramm – Best.-Nr. 12 904

4 Schreibübungen – Buchstaben

- Zeichne mit dem 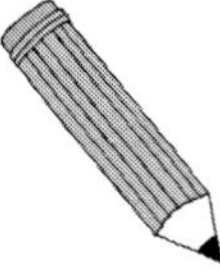 alle Buchstaben und gepunkteten Linien sorgfältig nach.

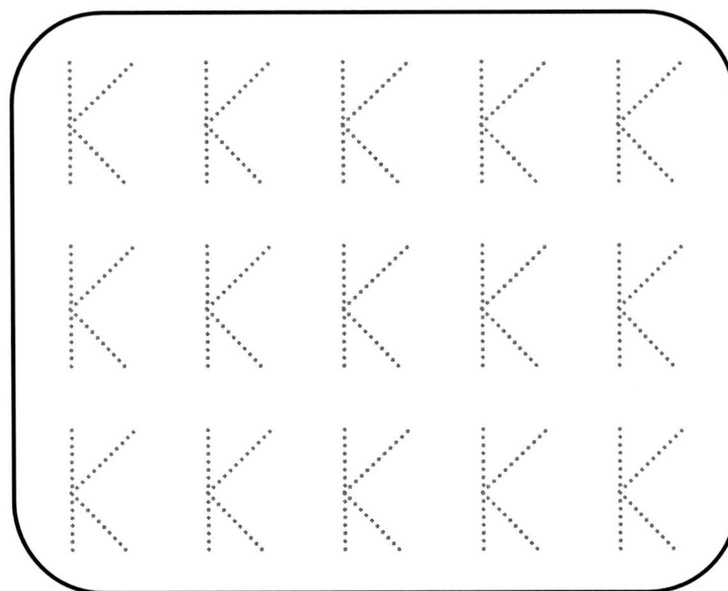

KÜKEN

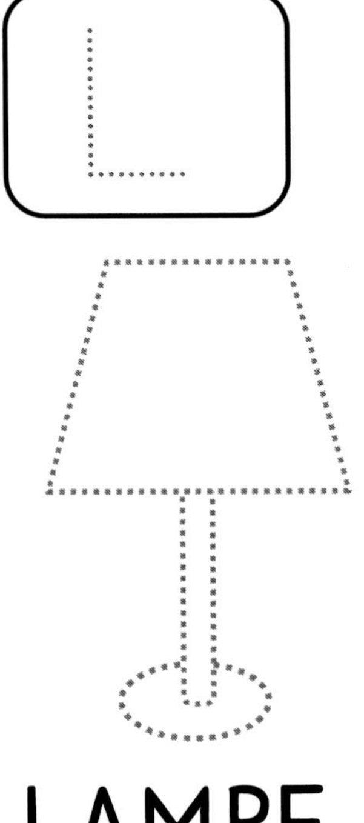

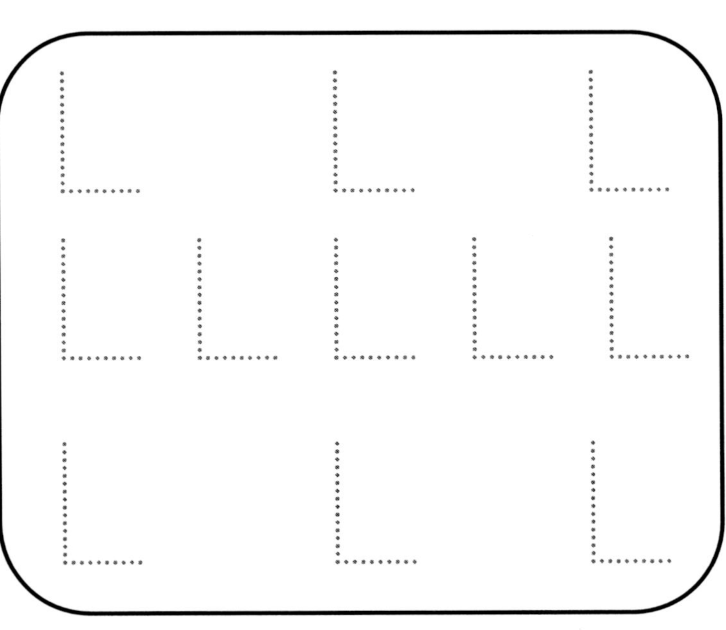

LAMPE

KOHL VERLAG Handschrift trainieren Ein tägliches Trainingsprogramm – Best.-Nr. 12 904

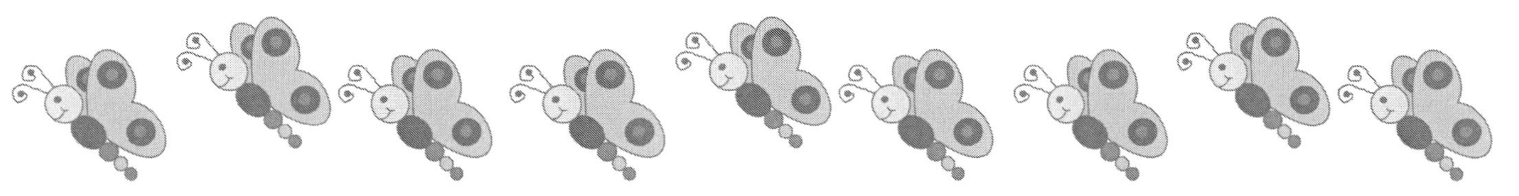

4 Schreibübungen – Buchstaben

- Zeichne mit dem  alle Buchstaben und gepunkteten Linien sorgfältig nach.

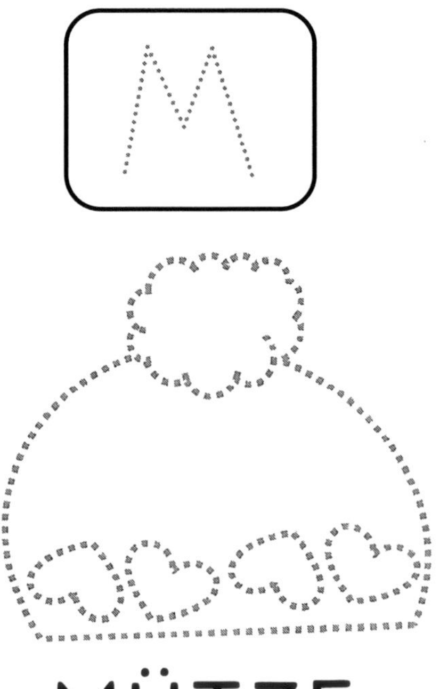

MÜTZE

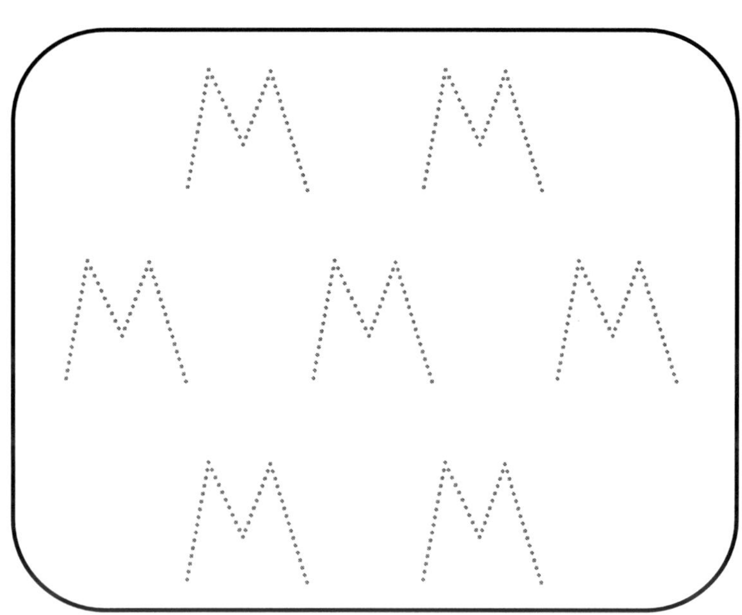

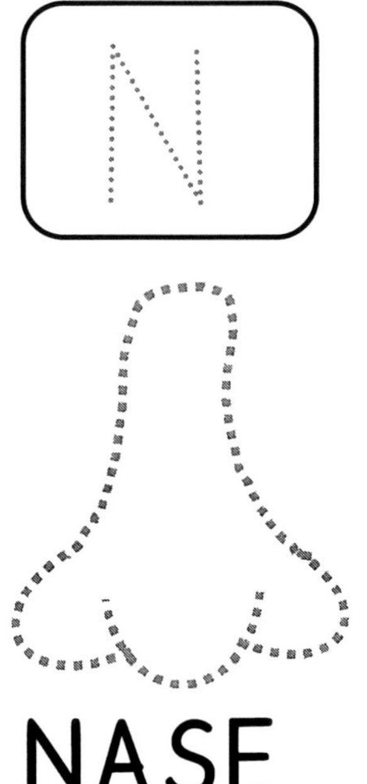

NASE

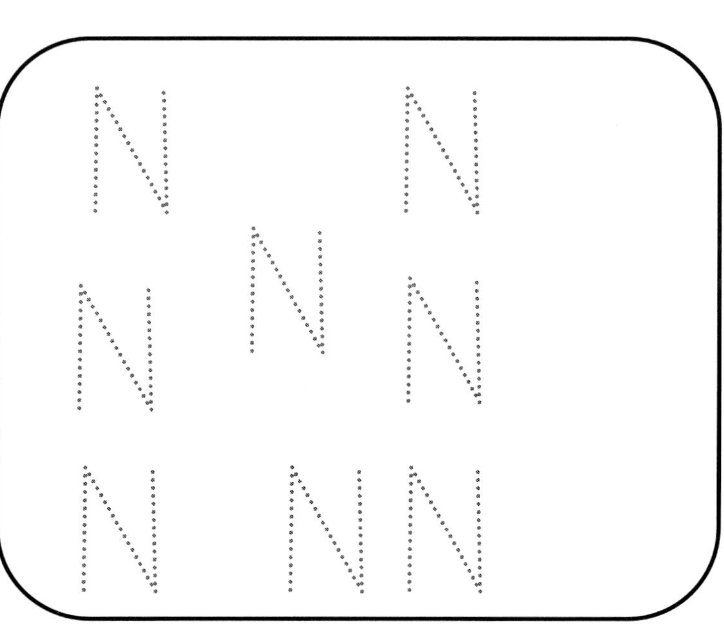

KOHL VERLAG Handschrift trainieren Ein tägliches Trainingsprogramm – Best.-Nr. 12 904

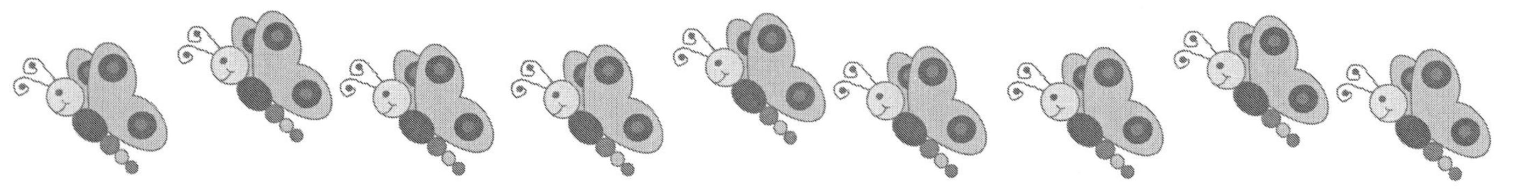

4 Schreibübungen – Buchstaben

- Zeichne mit dem 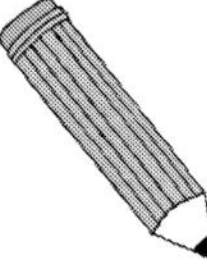 alle Buchstaben und gepunkteten Linien sorgfältig nach.

O

OFEN

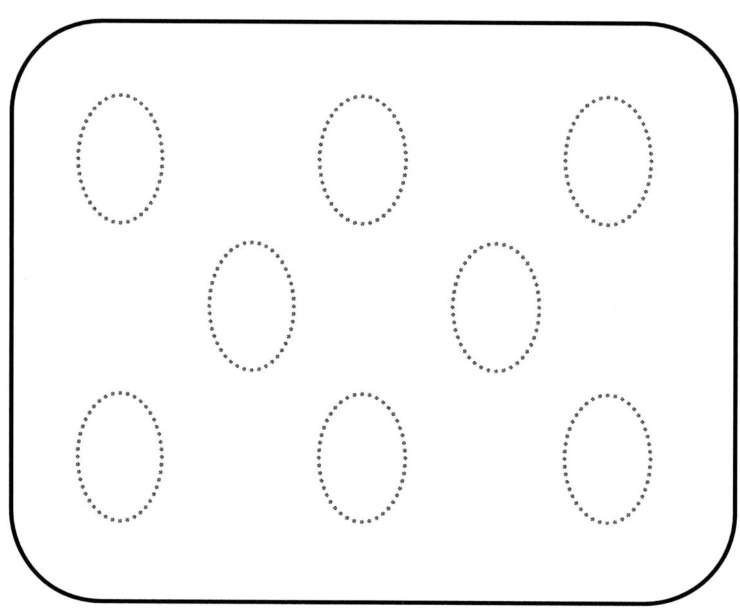

P

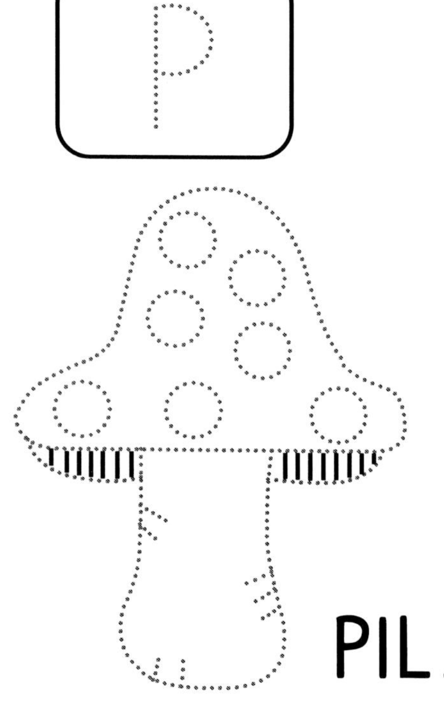

PILZ

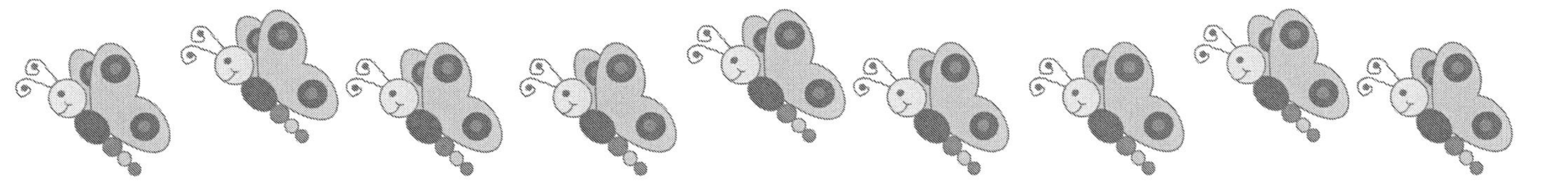

4 Schreibübungen – Buchstaben

- Zeichne mit dem  alle Buchstaben und gepunkteten Linien sorgfältig nach.

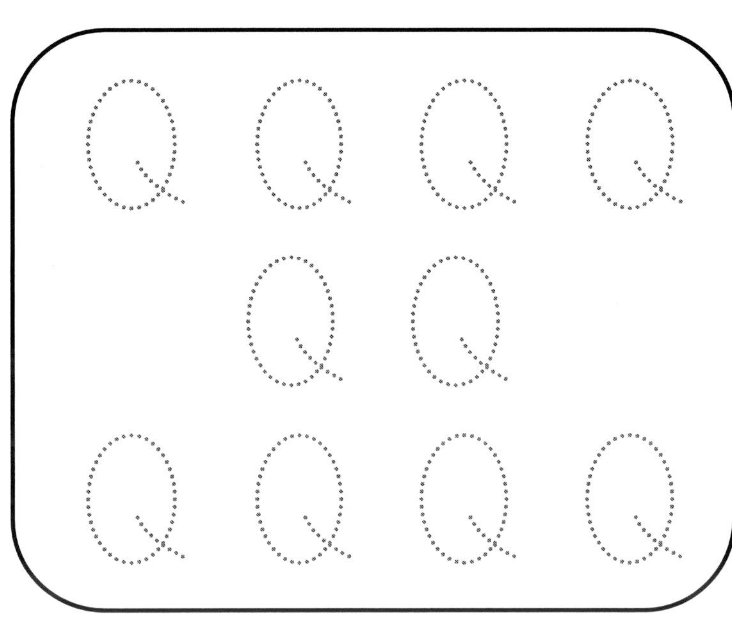

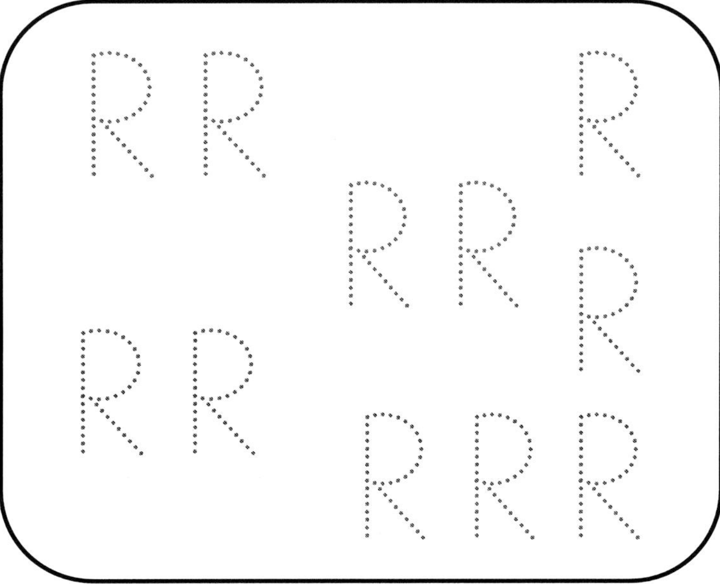

KOHL VERLAG
Handschrift trainieren
Ein tägliches Trainingsprogramm – Best.-Nr. 12 904

4 Schreibübungen – Buchstaben

- Zeichne mit dem 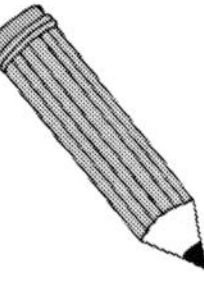 alle Buchstaben und gepunkteten Linien sorgfältig nach.

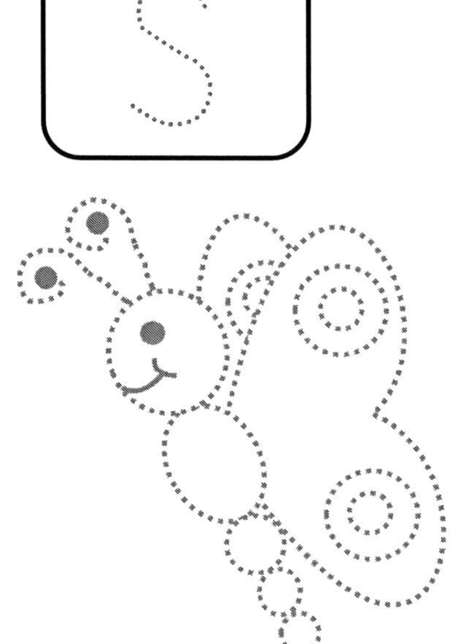

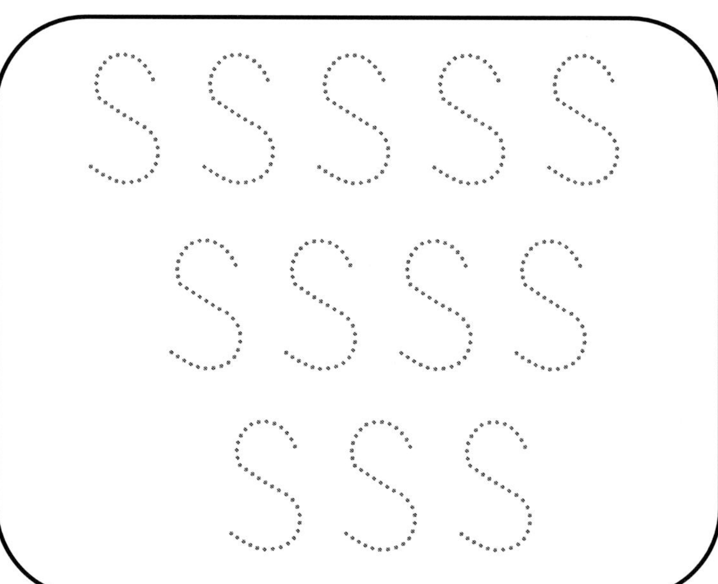

SCHMETTERLING

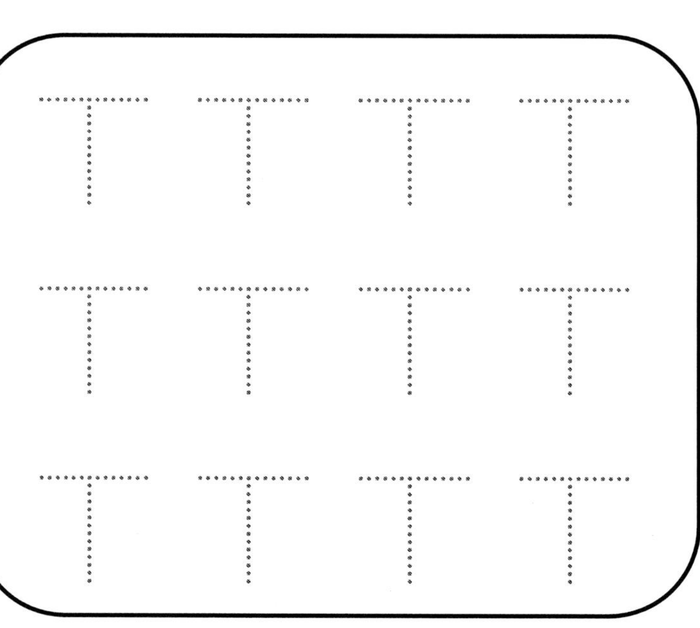

TASSE

KOHL VERLAG Lernen mit Erfolg
Handschrift trainieren
Ein tägliches Trainingsprogramm – Best.-Nr. 12 904

4 Schreibübungen – Buchstaben

- Zeichne mit dem 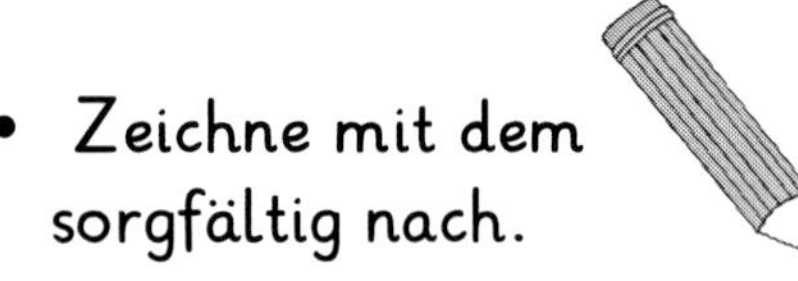 alle Buchstaben und gepunkteten Linien sorgfältig nach.

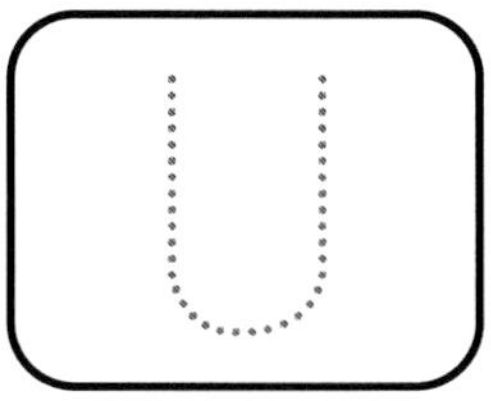

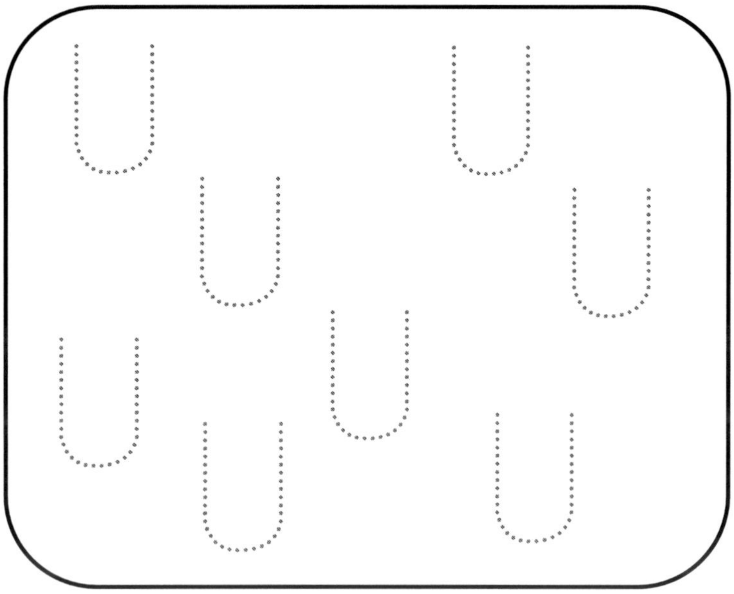

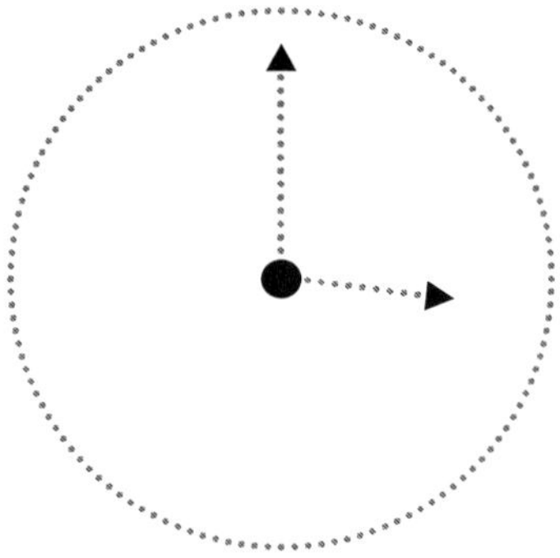

U

UHR

V

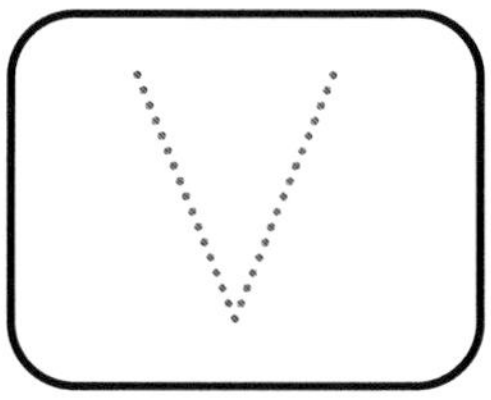

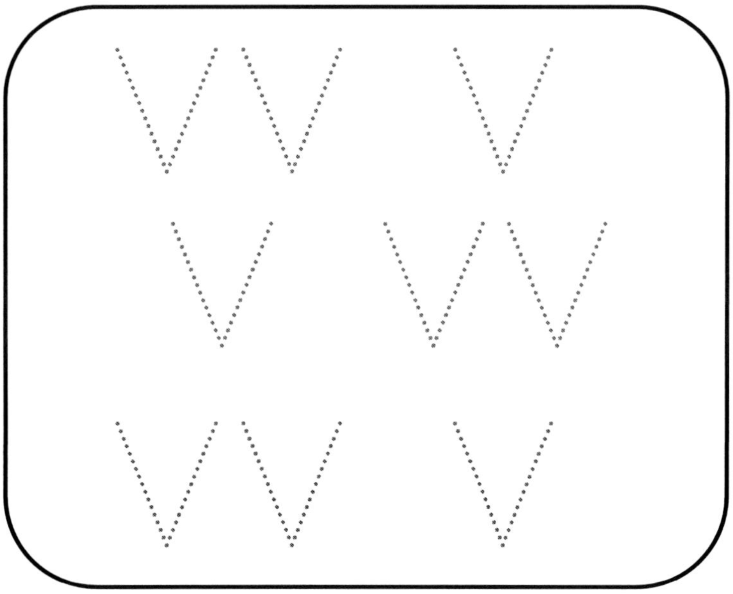

VASE

KOHL VERLAG Handschrift trainieren Ein tägliches Trainingsprogramm – Best.-Nr. 12 904

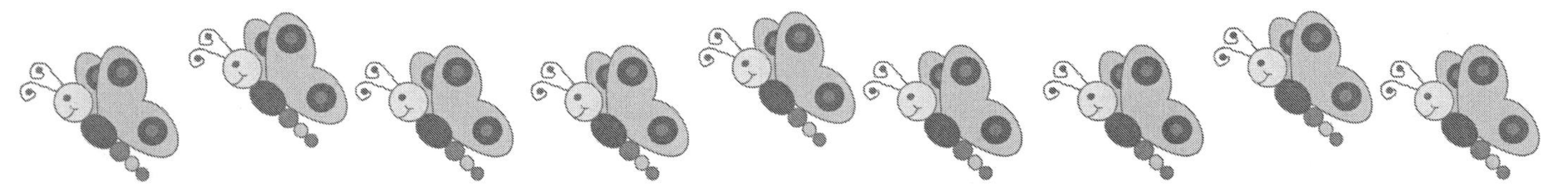

4 Schreibübungen – Buchstaben

- Zeichne mit dem  alle Buchstaben und gepunkteten Linien sorgfältig nach.

WOLKE

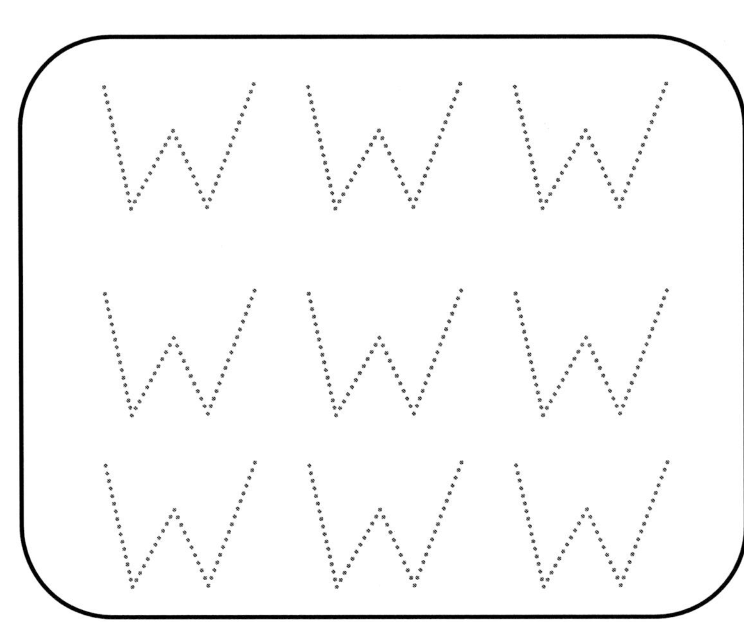

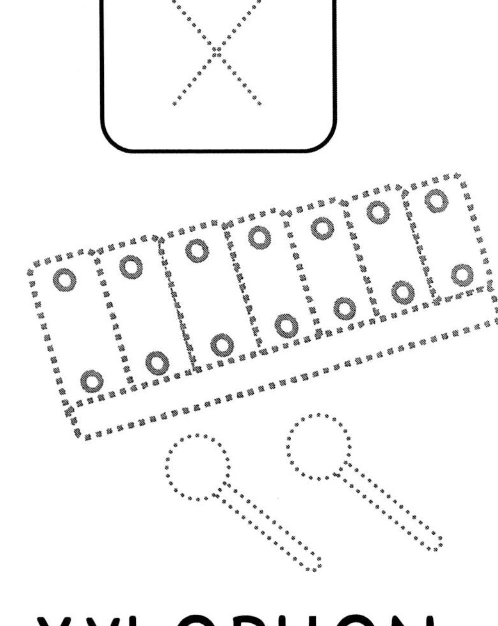

XYLOPHON

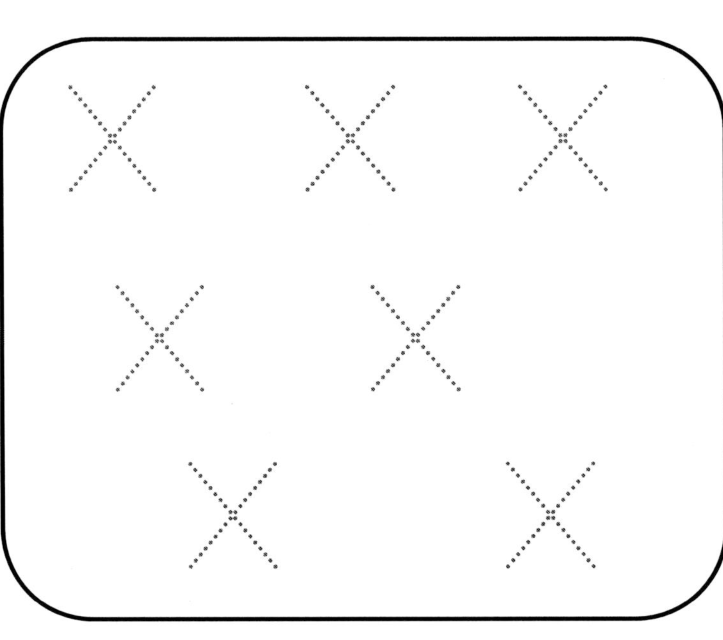

Handschrift trainieren
Ein tägliches Trainingsprogramm – Best.-Nr. 12 904
KOHL VERLAG

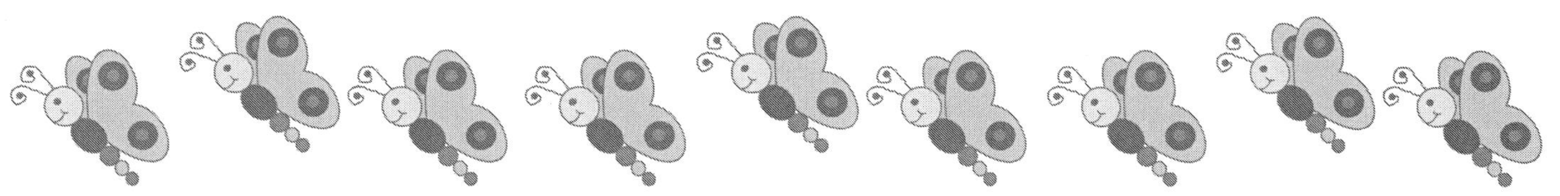

4 Schreibübungen – Buchstaben

- Zeichne mit dem 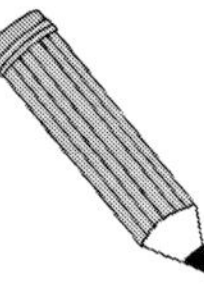 alle Buchstaben und gepunkteten Linien sorgfältig nach.

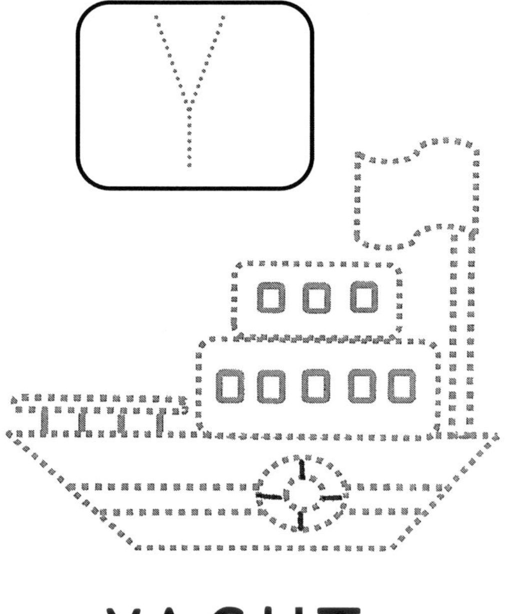

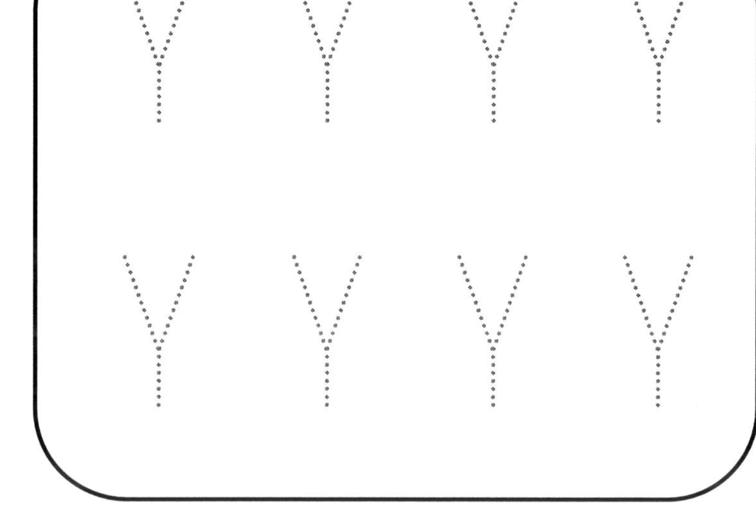

YACHT

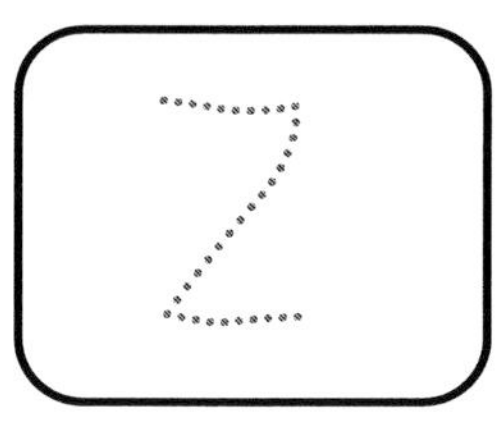

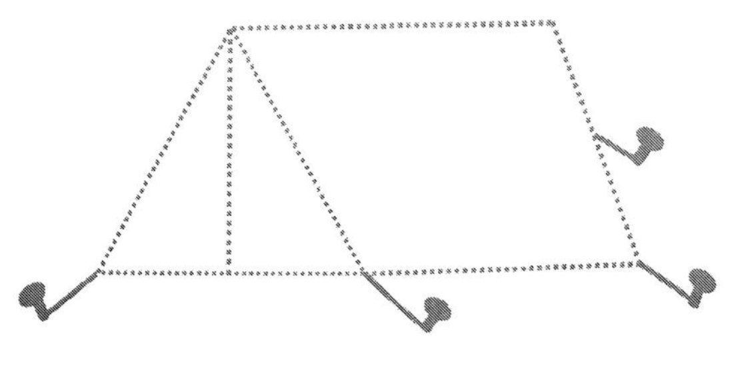

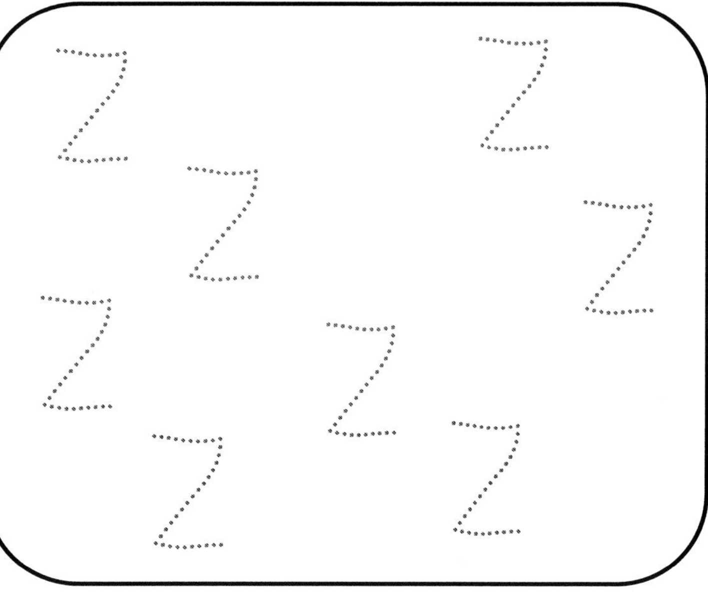

ZELT

KOHL VERLAG Handschrift trainieren Ein tägliches Trainingsprogramm – Best.-Nr. 12 904

5 Lockerungsübungen

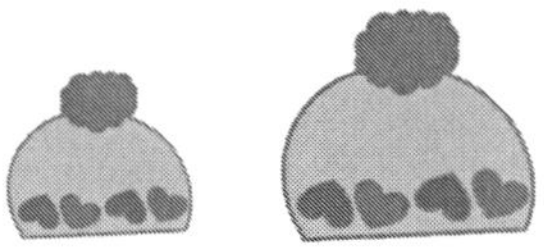

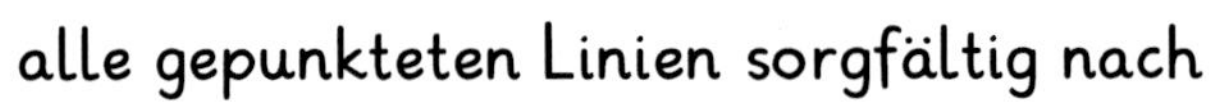

- Zeichne mit dem  ✏ alle gepunkteten Linien sorgfältig nach.

KOHL VERLAG
Handschrift trainieren
Ein tägliches Trainingsprogramm – Best.-Nr. 12 904

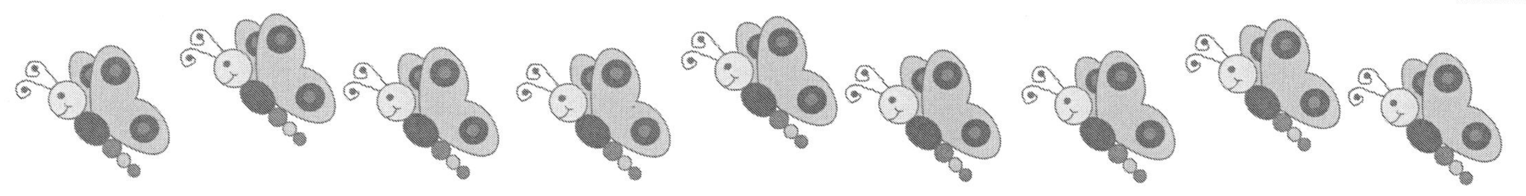

6 Schreibübungen – kleine Buchstaben

• Schreibe.

a	a	m	
b		n	
c		o	
d		p	
e		q	
f		r	
g		s	
h		t	
i		u	

j		v			
k		w		y	
l		x		z	

KOHL VERLAG Lernen mit Erfolg Handschrift trainieren Ein tägliches Trainingsprogramm – Best.-Nr. 12 904

7 Lockerungsübungen

- Zeichne mit dem   alle gepunkteten Linien sorgfältig nach.

KOHL VERLAG Handschrift trainieren Ein tägliches Trainingsprogramm – Best.-Nr. 12 904

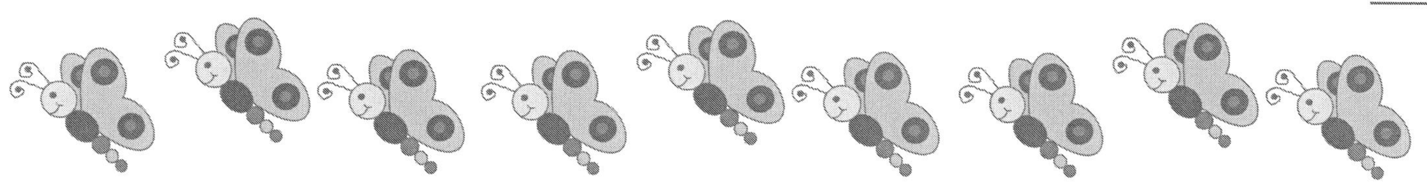

8 Schreibübungen

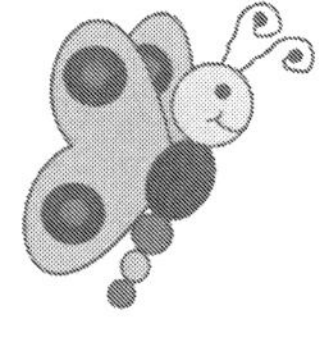

- Schreibe.

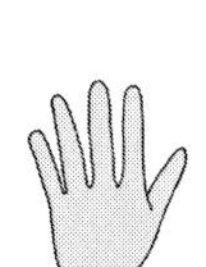

EINE TASSE KAKAO

eine Tasse Kakao

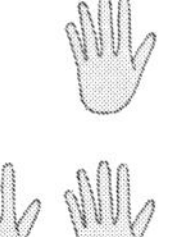

EINE
eine

EIN SCHMETTERLING

ein Schmetterling

KOHL VERLAG Handschrift trainieren Ein tägliches Trainingsprogramm – Best.-Nr. 12 904

9 Lockerungsübungen

- Zeichne mit dem [Stift] alle gepunkteten Linien sorgfältig nach.

KOHL VERLAG Handschrift trainieren Ein tägliches Trainingsprogramm – Best.-Nr. 12 904

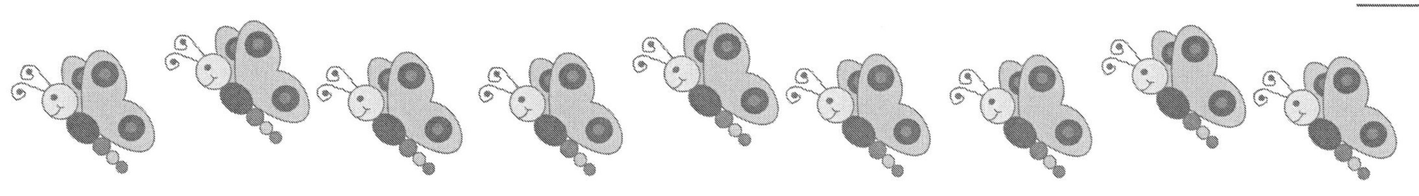

10 Schreibübungen

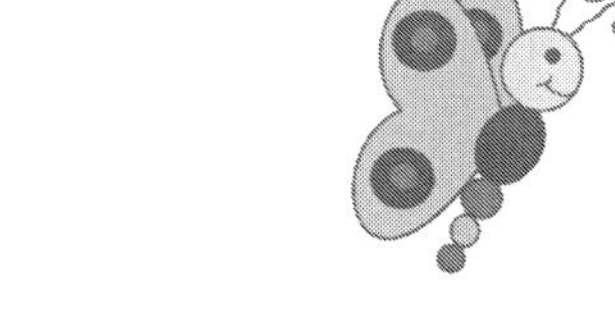

- Schreibe.

VIELE LUFTBALLONS

viele Luftballons

VIELE BLUMEN

viele Blumen

11 Lockerungsübungen

- Zeichne mit dem  ✏ alle gepunkteten Linien sorgfältig nach.

Handschrift trainieren
Ein tägliches Trainingsprogramm – Best.-Nr. 12 904
Lernen mit Erfolg KOHL VERLAG

12 Schreibübungen

- Schreibe.

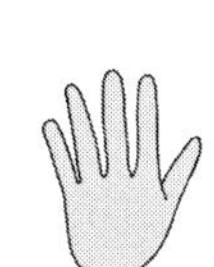

ZWEI KÜKEN

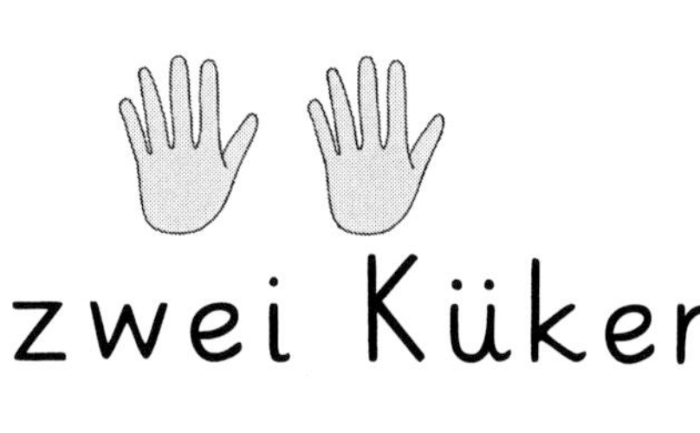

zwei Küken

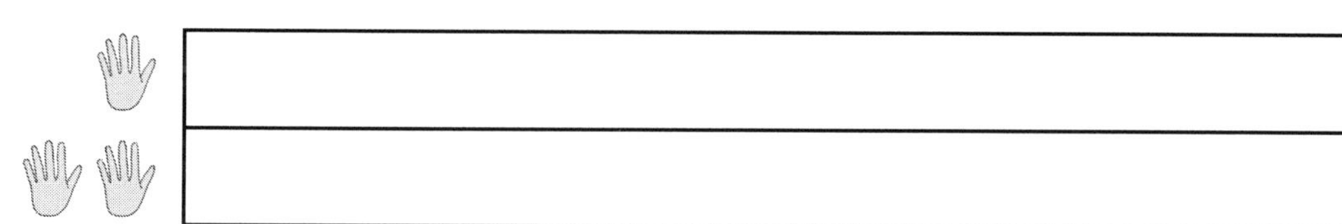

ZWEI MÜTZEN

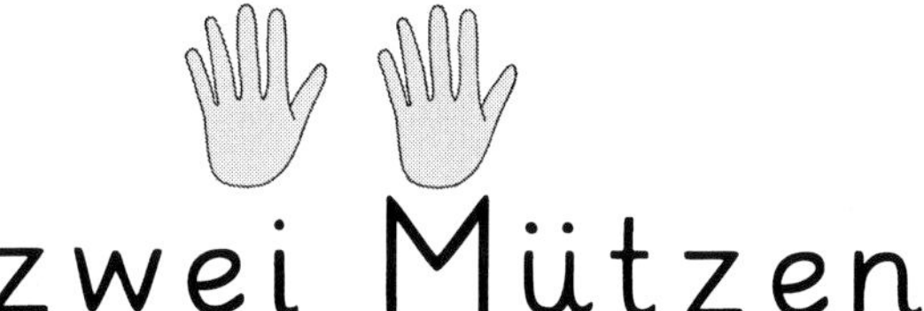

zwei Mützen

KOHL VERLAG Handschrift trainieren Ein tägliches Trainingsprogramm – Best.-Nr. 12 904

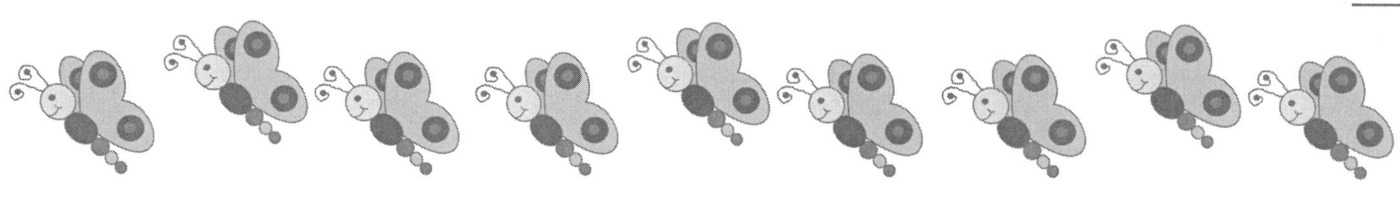

Lösungen

Seite 4

Seite 5

Seite 7

Seite 6

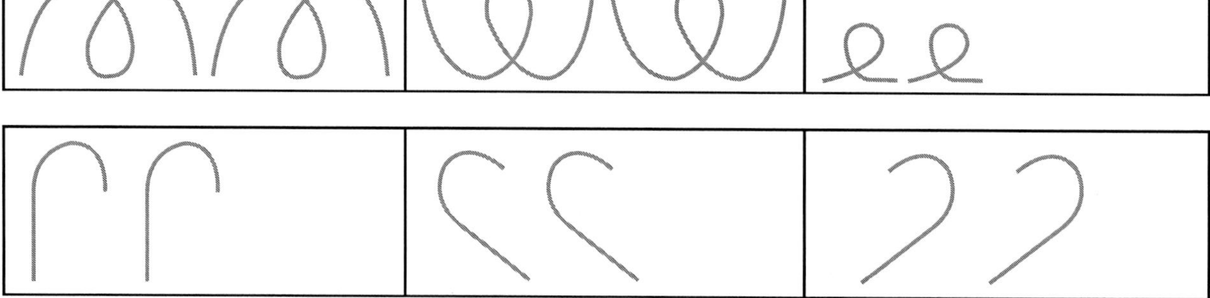

Seite 8

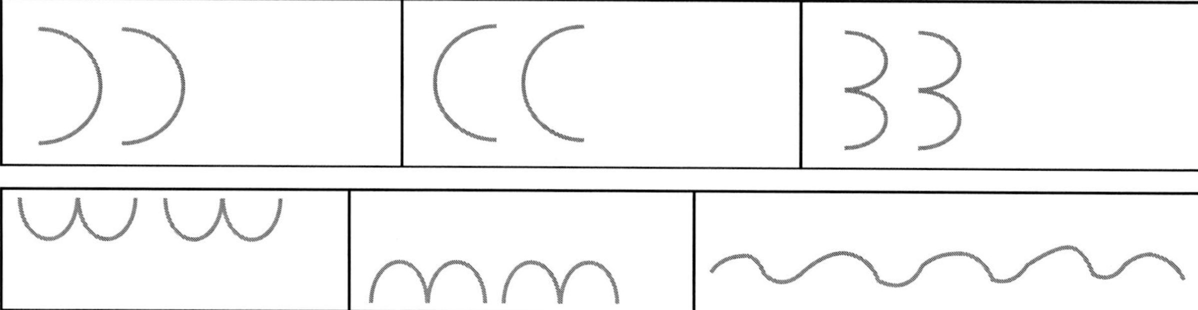

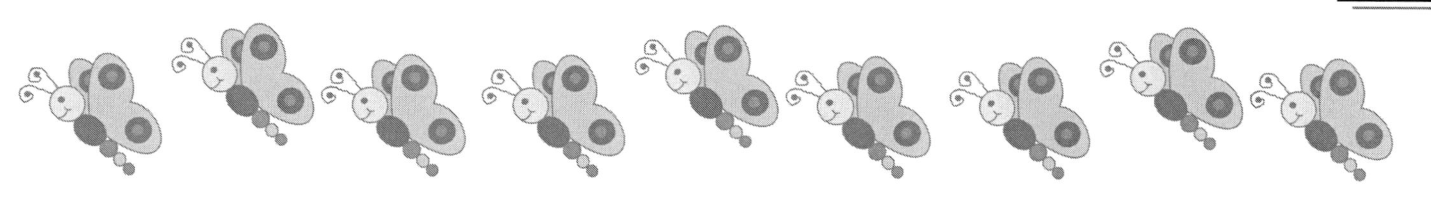

Lösungen

Seite 9

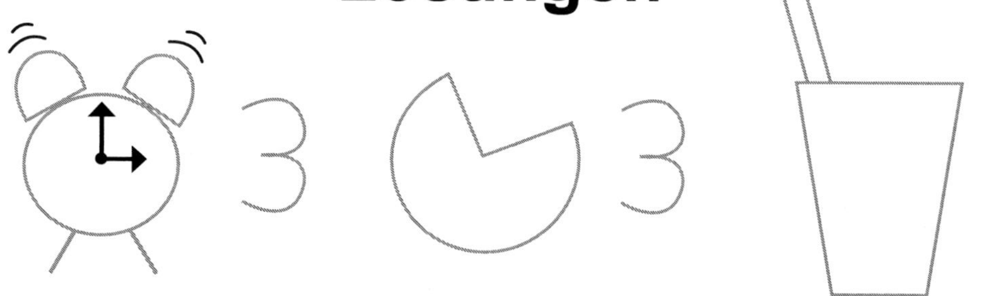

Seite 10

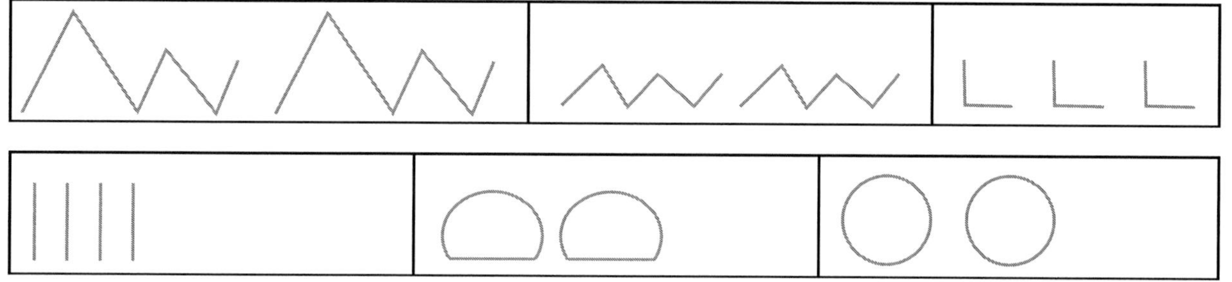

Seite 11

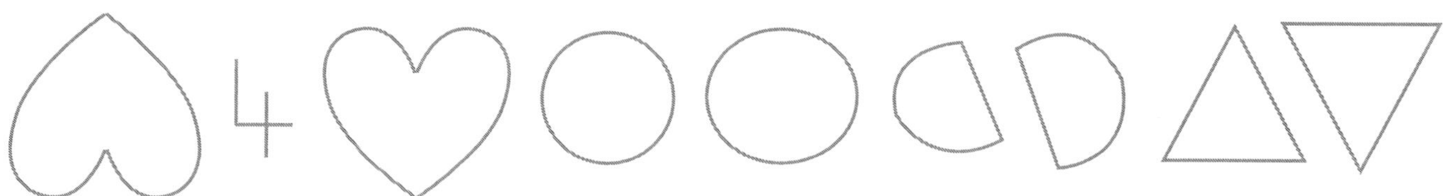

Seite 12

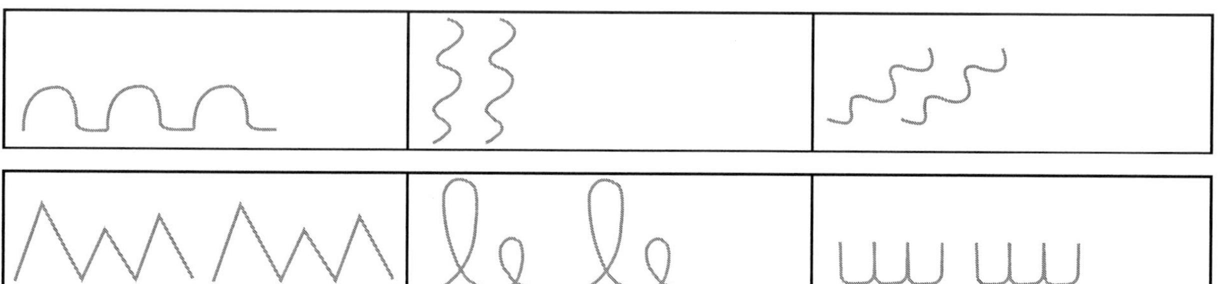

Seite 13

5

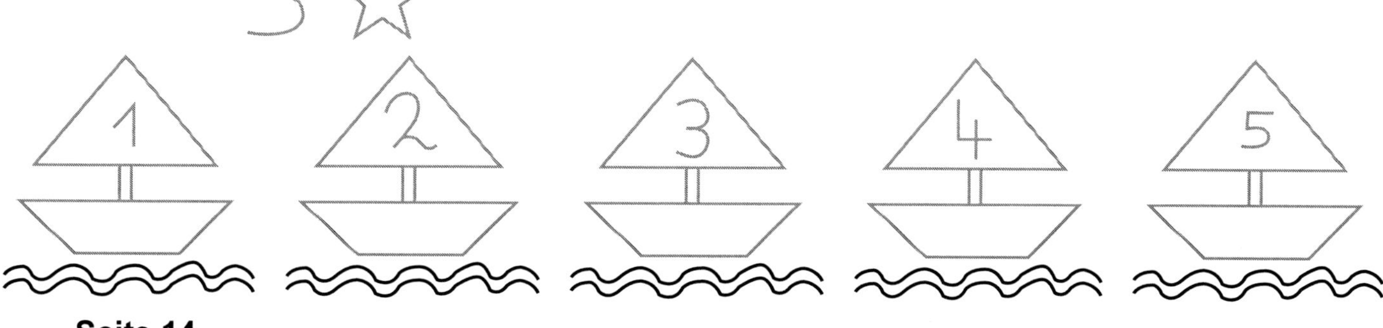

Seite 14

11	22	33	66

KOHL VERLAG
Handschrift trainieren
Ein tägliches Trainingsprogramm – Best.-Nr. 12 904

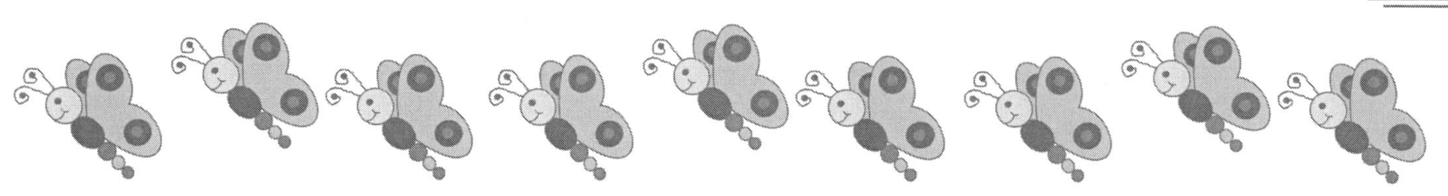

Lösungen

Seite 15

6

Seite 17

7

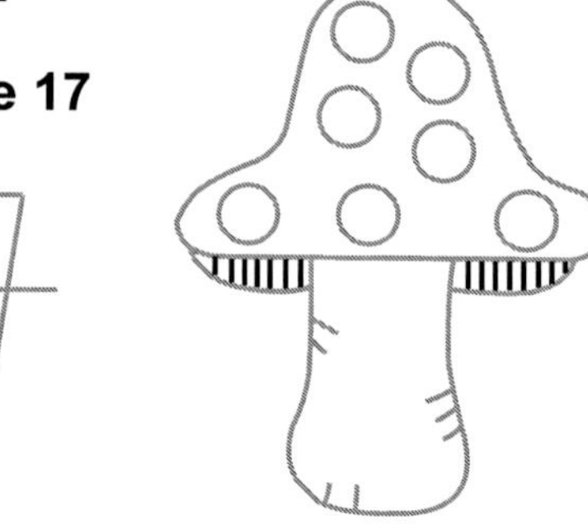

Seite 16

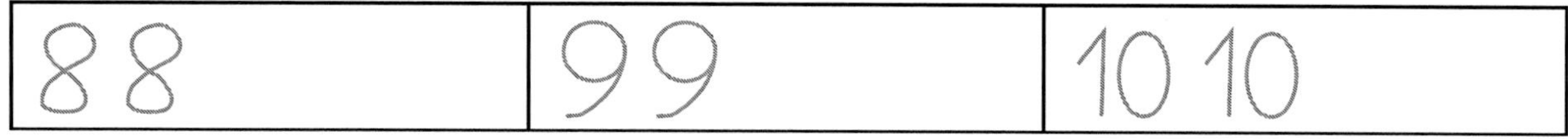

44	55	66	77

Seite 18

88	99	1010

Seite 19

1 2 3 4 5 6 7 8

Seite 20

9

Seite 21

Seite 22

Seite 23

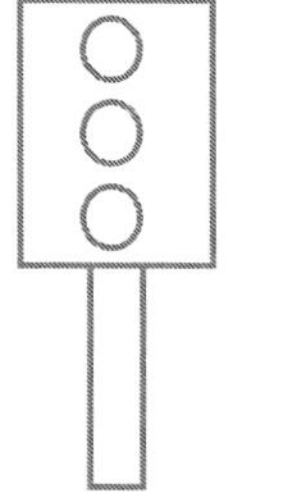

Seite 24

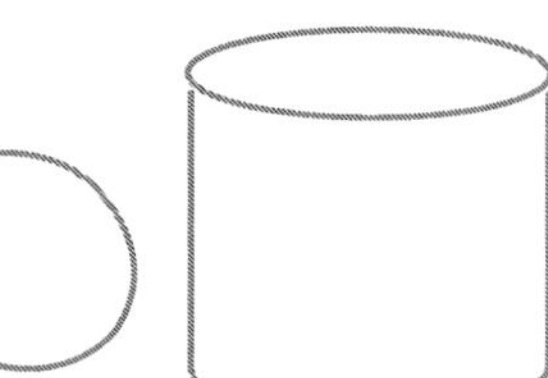

Seite 25

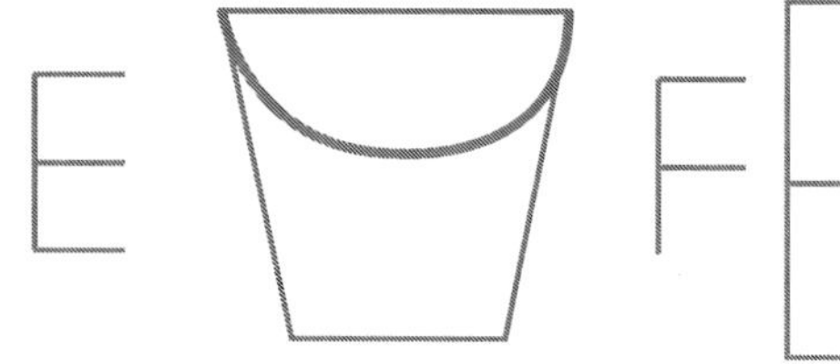

Seite 26

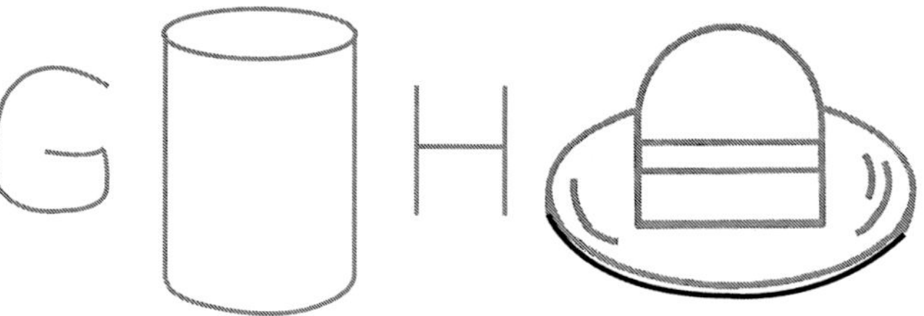

Handschrift trainieren
Ein tägliches Trainingsprogramm – Best.-Nr. 12 904
KOHL VERLAG

Lösungen

Seite 27

J  J 

Seite 28

K  L 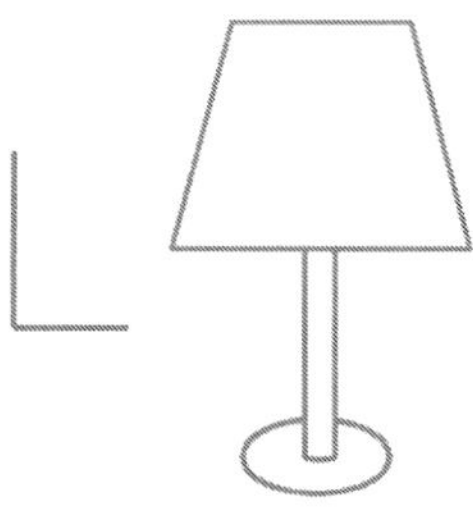

Seite 29

M  N 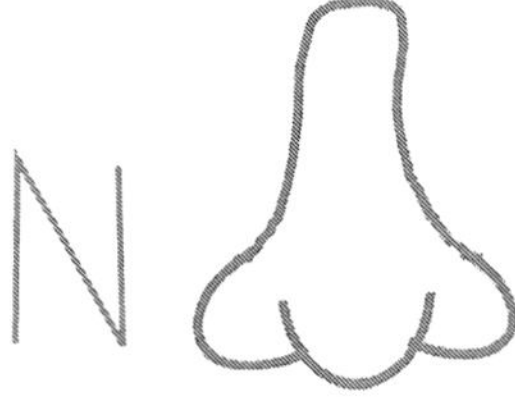

Seite 30

 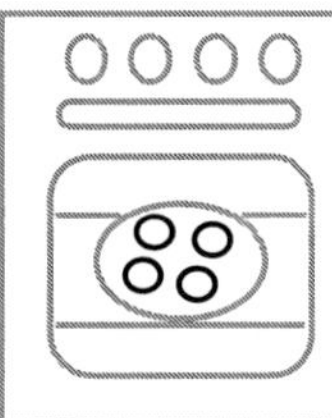 P 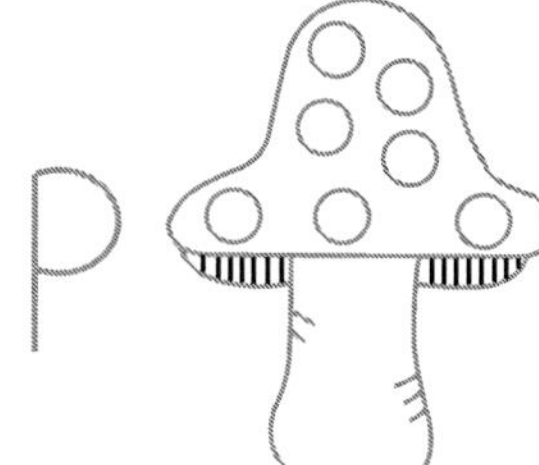

Seite 31

Q  R 

Seite 32

S T 

Seite 33

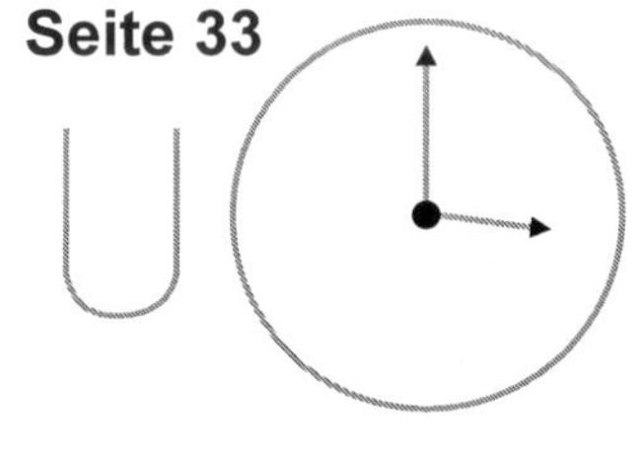 V 

Seite 34

W  X 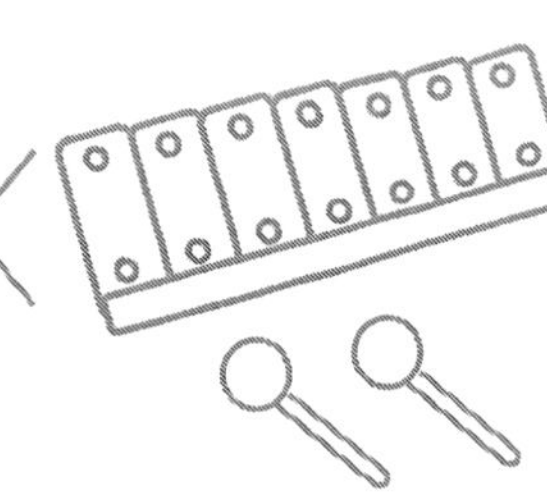

Seite 35

Y 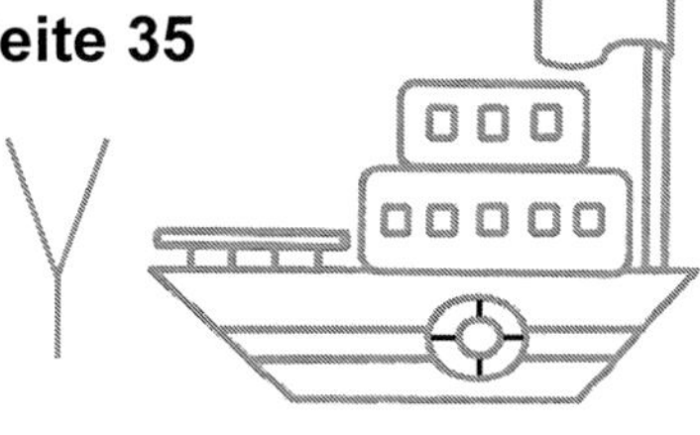  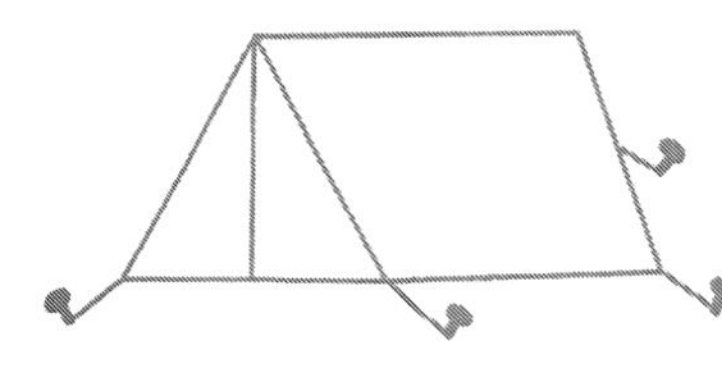

Seite 36

Seite 37

a b c d e f g h i j k
l m n o p q r s t u
v w x y z

Seite 38

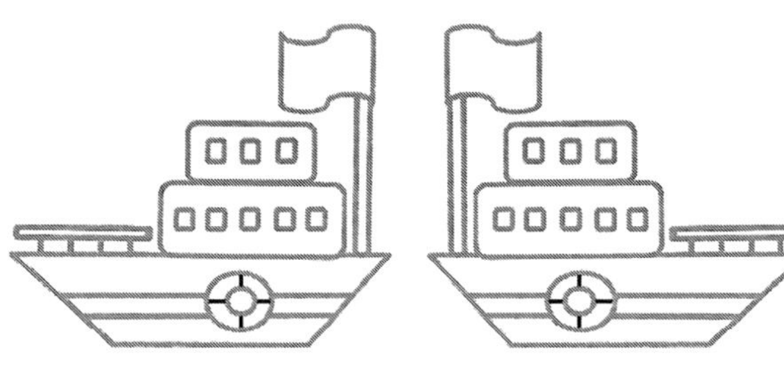

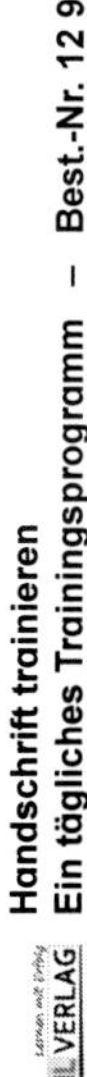

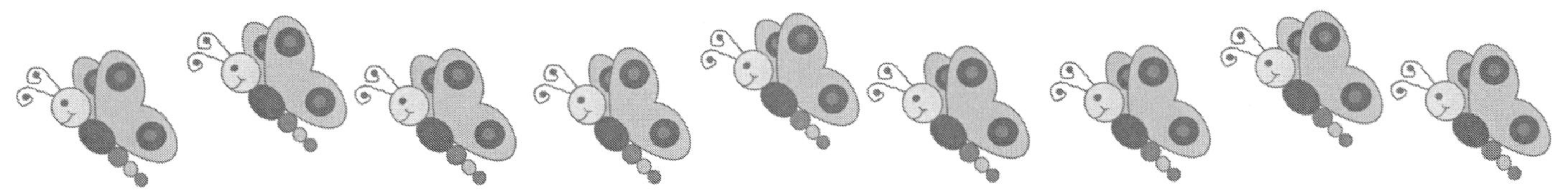

Lösungen

Seite 39

EINE TASSE KAKAO
eine Tasse Kakao

EIN SCHMETTERLING
ein Schmetterling

Seite 40

Seite 41

VIELE LUFTBALLONS
viele Luftballons

VIELE BLUMEN
viele Blumen

Seite 42

Seite 43

ZWEI KÜKEN
zwei Küken

ZWEI MÜTZEN
zwei Mützen